생태 세밀화로 만나는 동요곡집

꿈꾸는 꽃들의 노래

Love Letter on Natural Ecology

생태 세밀화로 만나는 동요곡집

꿈꾸는 꽃들의 노래

그림 · 작시 **진창오**   작곡 **한나영**

코람데오

이 책을 여는
아름다운 꽃인
님에게

1. 『꽃 너머 꽃으로』 이후에

십 년의 세월, 매일 새벽길 별을 보며 탑천 길을 걸었습니다.

초여름이 시작된 어느 날, 소리쟁이, 개망초, 애기똥풀, 기생초들과 눈 맞춤을 하며 "안녕!" 소리 내 이름을 불러주었습니다.

생태 세밀화 그림일기 『꽃 너머 꽃으로』 책을 낸 후로 자연을 알아가는 사랑의 눈이 더 떠지는 축복을 받았습니다. 아는 만큼 보였고, 자연을 향해 마음을 여는 만큼 더 보였습니다. 그리고 사랑이 갔습니다. 모든 생명을 아끼고 사랑하며 존중하는 마음으로 살고 싶습니다. 자연생태 동요를 지어 꽃 앞에서 노래를 불러볼 수 있다면 얼마나 행복할까 꿈을 꾸기 시작했습니다. 그리고 동요 작시를 시작했습니다.

2. 자연 사랑, 동요 사랑

만경평야 가까이에서 태어나 어릴 적부터 논두렁길을 걸으며 사시사철 변하는 자연을 바라보며 동요 부르기를 좋아했습니다.

등산 배낭에도, 차 안에도, 침대 머리맡에도 동요 노트가 있습니다. 산책할 때나 킥보

드, 자전거를 탈 때도 부르고 다녔습니다. 마라톤 풀코스를 달리며 너무 힘들 때, 또 울기력도 없을 만큼 고난의 때도 찬송가와 동요는 나의 친구였습니다.

　내 영혼을 샤워시켜 주는 듯했고 새처럼 날게 해 주는 자유와 행복을 함께 나누고 싶어 동요를 지었습니다. 한겨울에도 봄에 필 꽃봉오리를 준비하는 꽃들 앞에서 자연에 보답하는 마음으로 노래를 불러주고 싶었습니다.

　어느 날, 담쟁이덩굴을 그리면서 수없이 눈을 맞추고 교감했습니다. 내게 다가와 말을 걸어올 때까지 기다렸습니다. 그리고 그림일기를 썼습니다.

　그 후 시를 써서 곡을 붙였습니다. 담쟁이덩굴 앞에서 노래를 불러주었고, 도종환 시인의 시 「담쟁이」를 낭송하는 기쁨이 있었습니다.

　한 종류의 식물과 꽃을 통해서도 얼마나 많은 감사와 감동을 느낄 수 있는지 모릅니다. 자연의 일부로 살아가는 인간에게 자연이 안겨주는 사랑이며 행복입니다.

3. 꿈꾸는 꽃들의 노래

　'아름다운 자연 음악을 공짜로 들려주는 뻐꾸기에게 감사, "사랑해요" 노래 불러주는

preface

'검은등뻐꾸기가 와줘서 감사.' 이것은 13년째 매일 쓰고 있는 감사일기에 어느 날 기록해 놓은 내용입니다.

들려오는 자연의 노래 속에 꽃들도 노래합니다. 꿈이 없는 꽃은 없습니다. 삶의 계획서에 따라 피고 지는 꽃들은 열매를 맺고 번식하고 벌과 나비와 새들에게 먹이를 제공하며 안식처가 되어 줍니다. 우리는 아름다운 지구별에 소풍을 왔습니다. 처음 세상이 만들어졌을 때 "좋았더라"(טוב, 토브)는 좋고(good), 아름답고(beautiful), 완벽(perfect)하다는 의미입니다.

생태 세밀화로 만나는 동요를 부를 때 자연과 마음이 따뜻이 포개지며 꿈꾸는 꽃들의 노래가 자연을 사랑하는 사람들 마음속에서 꿀같이 흘러나왔으면 좋겠습니다.

그리고 이 노래를 부르면서 당신의 얼굴에 아이처럼 해맑은 미소가 피어났으면 좋겠습니다.

자연, 인간, 생명의 아름다운 조화와 생명 존중의 꽃이 피는 세상을 꿈꾸며…….

감사합니다.

2022년 4월 20일

연두색 새순이 아기 손처럼 보이는 봄날에 진창오

6

작곡을 마치며

먼저 저에게 작곡할 수 있는 달란트를 주신 하나님께 감사드립니다.

작곡 의뢰를 받고 다소 분량이 많다고 생각되었지만 새는 날개의 무게가 있어도 그것 때문에 날 수 있듯이 저에게 주신 축복의 기회로 알고 작곡에 임했습니다.

누구든지 따라 부를 수 있는 노래가 되게 하려고 많은 사색과 노력을 기울였습니다. 작시자의 시와 그림을 통해 음악적 아이디어를 많이 얻었는데, 시에서 느껴지는 이미지에 따라 조성과 빠르기를 정하고 리듬과 멜로디를 만들었습니다.

이를 통해 자연 생태계에 대한 새로운 사랑의 눈이 떠졌으며, 자연이 주는 고마움과 신비함에 눈시울이 뜨거워지며 행복했습니다.

어린 시절 추억의 날개를 펴게 하는 동요, 특별히 자연 생태 동요곡은 이 세상에 기념비적으로 축하할 일이라 믿습니다.

자연을 사랑하고 보존하는 아름다운 마음들이 이 동요와 함께 민들레 홀씨처럼 널리 퍼져 나가기를 소망합니다.

한나영

contents

contents

01 가지
Solanum melongena, 가짓과

가지

작시 진창오 / 작곡 한나영

장갑 도 양말 도 귀 한 때였어 요 한 겨 울 손과

발 꽁꽁얼었지 요 동 상걸린 손 발 가 지줄 기

끓 여손 - 발 담 그 게한 우 리엄 마 지 혜

02 감태나무
Lindera gauca, 녹나뭇과

감태나무

작시 진창오 / 작곡 한나영

산 기슭 양 지 바른 곳 작 은 키 나 무 야 　 한 번 더 보

고 싶 어 서 발 걸 음 멈 - 췄 네 　 줄 기 에 검 - 은 때 끼 어

감 태 나 무 라 네 　 새 잎 이 나 올 때 까 지 한 겨 울 지 - 낸

너

03 개옻나무

Rhus trichocarpa, 옻나뭇과

개옻나무

작시 진창오 / 작곡 한나영

가을을 데리고 왔-어요 진홍색 단풍으 로

가을의 아름다운 여인 잎사귀 옷을 입 고

산새들 내 몸에 앉아서 옷구경 한답니 다

04 갯강아지풀

Setaria viridis var. pachystachys, 볏과

갯강아지풀

작시 진창오 / 작곡 한나영

겨 - 울이었어요　　비바람을 맞으며 꺾일

듯 - 말 듯　　가 - 녀린몸으로 바닷 바 - 람

을 맞고흔 - 들거린 너　　짠 내음모래

땅　　한 - 겨 울 서 있었네 갯 강 아 지 풀

05 고구마

Ipomoea batatas, 메꽃과

고구마

작시 진창오 / 작곡 한나영

보 릿 고 개 넘 던 시 절 칠 십 년 대 이 나 라 에

먹 을 거 리 부 족 하 여 배 고 프 던 그 시 절 에 고 구 마 밥

그 릇 가 득 집 집 마 다 상 차 렸 지

06 고추

Capsicum annuum, 가짓과

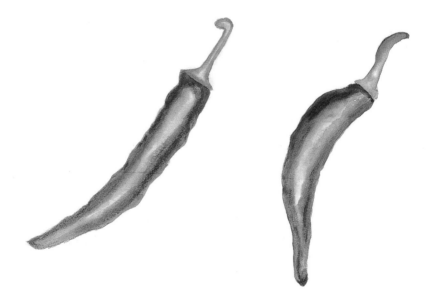

고추

작시 진창오 / 작곡 한나영

하하호호 뭔소리여 이웃집에경사났 네

대문앞에 달아놓은 저고추는무엇이 여

응애응애 울음소리 고추달고나왔다 네

한해살이 열매채소 일년내내사랑받 고

스트레스 날려버릴 매운고추한입물 고

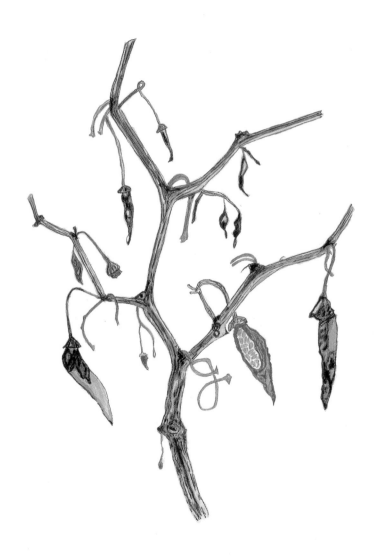

07 고춧대

고춧대

작시 진창오 / 작곡 한나영

마른언 땅속에뿌리내 려있던메마른

가지야고춧대 로구나작년이 른봄에심겨있

던너는겨울이 오도록우뚝서 있구나비바람

부는밤몇밤을 새우고뜨거운 태양빛온몸에

받았네

08 금낭화

Dicentra spectabilis, 현호색과

금낭화

작시 진창오 / 작곡 한나영

그냥 갈 수 없어요 다시 보고 싶어서

긴 빨랫줄에 앉은 참새 떼 모습 같 - 아

휘어진 가지 아래 조롱조롱 달린 너 초여름 연

분홍꽃 금낭화 꽃망울 아 비단 주머니 안

에 이슬을 담고 있 - 네

09 기생초

Coreopsis tinctoria, 국화과

기생초

작시 진창오 / 작곡 한나영

벌 과 나 비 너 를 찾 아 춤 추 며 다 니 다   여 덟 개 의

꽃 잎 위 에 사 뿐 히 앉 았 네   아 이 좋 아 향 기 맡 고

갈 줄 을 모 르 네   하 루 종 일 너 와 함 께 얘 기 꽃 피 우

자

10 기생여뀌

Persicaria viscosa, 마디풀과

기생여뀌

작시 진창오 / 작곡 한나영

가 까 이 봐 도 멀 리 서 봐 도 아 름 다 운 너

새 색 시 처 럼 부 끄 러 워 서 고 개 숙 였 니

긴 손 내 밀 어 손 짓 하 면 서 나 를 부 르 네

구 멍 이 송 송 벌 레 에 게 준 여 뀌 푸 른 잎

길마가지

Lonicera harai, 인동과

길마가지

작시 진창오 / 작곡 한나영

새 들 의 합 창 소 리   피 아 노 두 드 리 고

천 상 의 화 원 이 네   꿈 같 은 숲 속 길 이

스 치 는 꽃 물 향 기   코 끝 에 다 가 와 요

12 꽃다지

Draba nemorosa var. hebecarpa, 십자화과

꽃다지

작시 진창오 / 작곡 한나영

똑 똑 똑 봄 문 두 드 리 는 소 리 문 열 어 보 니

꽃 다 지 였 네 꽁 꽁 언 겨 울 땅 에 누 - 웠 - 다 가

봄 알 리 려 고 일 어 났 어 요 솜 털 이 온 몸 에

보 송 보 송 한 앙 증 스 러 운 코 딱 지 나 물

열 십 자 살 - 랑 - 대 는 네 장 꽃 잎 노 란 폭 죽 을

터 뜨 립 니 다

13 꽃양귀비

Papaver rhoeas, 양귀비과

꽃양귀비

작시 진창오 / 작곡 한나영

가녀린몸살 랑거리는붉 은 비단 옷 절세미인양

귀 비닮아꽃 양 귀 비 죠 꽃인가요나 비인가요바

람 인 가 요 줄기에털기 린같은목길 게 내밀

고

14 꽈리

Physalis alkekengi var. francheti, 가짓과

꽈리

작시 진창오 / 작곡 한나영

꽈르륵꽈르륵 개구리 울음소린가봐

두리번거렸죠 내걸음멈췄네 아이들

입에서나오는 꽈리소리였죠 씨를뺀놀잇감

어릴적 꽈리잘불면은 노래잘한대요

15 나무수국

Hydrangea paniculata, 범의귓과

나무수국

작시 진창오 / 작곡 한나영

커 다란 눈꽃송이 탐스 럽게주렁주렁

한 아름 가득하게 달려 있는나무수국

작 은꽃 다정하게 옹기 종기모여있네

흰 구름 뭉게뭉게 피어 나는꽃구름아

16 박새

Parus major, 박샛과

내 이름은 박새

작시 진창오 / 작곡 한나영

내 이 - 름은 박 새   몸 은 작고 귀 엽지요   나 뭇 - 가 지

약 해   부 러 지 면 어 쩌 나 - 요   걱 정 하 지 않 아

내 날 개 를   믿 거 든 요   훨 훨 훨 날 아 서

어 디 든 갈 수 있 어 요

17 느티나무

Zelkova serrata, 느릅나뭇과

느티나무

작시 진창오 / 작곡 한나영

바람 불면 바람 부는 대로 고개 흔듭니다

눈이 오면 눈이 오는 대로 팔을 흔듭니다

비가 오면 비가 오는 대로 머리 숙입니다

천 년 넘게 오래 사는 나무 느티 나무래요

햇볕 가려 그늘 만들어 줘 쉬게 하는 쉼터

닥나무

Broussonetia kazinoki, 뽕나뭇과

닥나무

작시 진창오 / 작곡 한나영

질긴 나무 껍질 벗겨　종이를 만들어요

한 지 되어 나 오 지 요　내 이름 닥 나 무 죠

펄 펄 끓는 가 마 솥 에　내 몸 을 담 그 구 요

고 통 뒤 에 만 들 어 진　종 이 를 아 시 나 요

19 달맞이꽃

Oenothera odorata, 바늘꽃과

달맞이꽃

작시 진창오 / 작곡 한나영

달을 보고 피어 나는 내이름은 달맞이 꽃 해가

지 면 피어 나고 해가 뜨면고개숙여 긴 긴

겨 울땅에붙 어 온몸 가 득해님봐 요 봄이

오 면 내얼 굴에 노랑 물 감칠해져 요

20 달팽이

Acusta despecta sieboldiana, 달팽잇과

달팽이의 발자국

작시 진창오 / 작곡 한나영

하 나 둘 셋 발 걸 음 앞 으 로 가 요   비 온 뒤 의

풀 밭 은 우 리 들 세 상   느 릿 느 릿 걸 어 요

꿈 을 찾 아 서   한 걸 음 씩 천 천 히 꿈 을 이 뤄

요

21 담쟁이덩굴

Parthenocissus tricuspidata, 포도과

담쟁이덩굴

작시 진창오 / 작곡 한나영

너의 손과 악 수하고 싶어 담 쟁이덩굴 아

담 쟁이잎 수 천개이끌고 오 르고또올 라

함께가요 희 망의나라로절 망도덮는다

영 원사랑아 름다운매 력 꽃말도멋있 어

22 대나무
Phyllostachys nigro(오죽), 볏과(화본과)

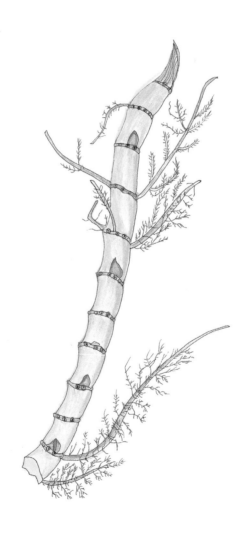

대나무

작시 진창오 / 작곡 한나영

인 생 은   대 나 무 랍 니 다   마 디 마 디 가   있 잖 아 요

누 군 들   없 는 사 람 있 나   그 것 이 바 로   삶 이 지 요

대 나 무   한 마 디 마 디 를   잘 넘 어 가 면   된 답 니 다

이 또 한   지 나 갈 거 예 요   내 일 은 다 시   해 가 떠 요

23 돈나무

Pittosporum tobira, 돈나뭇과

돈나무

작시 진창오 / 작곡 한나영

넌 넌 왜 돈 나 무 라 했 니 무 슨 돈 을 닮 았 니

아 그 래 원 래 는 똥 나 무 똥 나 무 라 불 렀 지

뿌 리 와 나 무 껍 질 에 서 역 겨 운 냄 새 가 나

그 래 도 난 네 가 좋 은 걸 네 모 습 그 대 로 가

24 땅콩

Arachis hypogaea, 콩과

땅콩

작시 진창오 / 작곡 한나영

내 고 향 은 안 데 스 산 - 맥 그 곳 이 랍 니 다

땅 속 으 로 파 고 들 어 가 열 매 를 맺 어 요   나 비 모 양

귀 여 운 꽃 이   미 소 를 짓 구 요   노 랑 나 비

앉 아 있 는 가   눈 을 크 게 뜨 죠

25 란타나

Lantana camara, 마편초과

란타나

작시 진창오 / 작곡 한나영

일곱색깔의 무지개피는 란타나보세요 꽃

의색깔이 시간흐르며 변하고또변 해

칠면조처럼 예쁜색깔로 옷을갈아입 죠 일

곱번이나변 한답니다 칠변화라하죠

26 망고
Mangifera indica, 옻나뭇과

망고

작시 진창오 / 작곡 한나영

둘 이 앉 아 마 주 봅 니 다   코 끝 으 로 향 기 스 미 고

먹 기 전 에 설 레 임 먼 저   콩 닥 콩 닥 가 슴 이 뛰 죠

달 콤 새 콤 반 쪽 씩 먹 는   둘 이 둘 이 망 고 랍 니 다

27 명아주

Chenopodium album var. centrorubrum, 명아줏과

명아주

작시 진창오 / 작곡 한나영

풀 이 변 해 나 무 가 된   곧 고 단 단 한   청 려 장 을

아 시 나 요   장 수 지 팡 이   가 볍 고 도

튼 튼 해 요   명 아 주 줄 기

28 명자나무
Chaenomeles lagenaria, 장미과

명자나무

작시 진창오 / 작곡 한나영

붉은 꽃 활짝 핀 - 동백꽃 닮은 명자나무야

또 다른 네 이름 - 아가씨나무 이름도 예뻐

예쁜 너 때문에 옆에 있으면 책을 못 읽어 마음이

설레어 읽던 책들도 덮으라 하네

29 목련

Magnolia kobus, 목련과

목련

작시 진창오 / 작곡 한나영

흰구름 안은 목련 꽃터질 때 꽃봉 오리속

에 웃고있는엄마 북쪽을 향해서 있는울 엄마

고운손흔 들며부르 고 있어요 소복한 흰

털 추위를감싸 고 긴겨 울기다 려 새봄을맞지

요

30 목화

Gossypium indicum, 아욱과

목화

작시 진창오 / 작곡 한나영

양 털 같 고 함 박 눈 같 은 목 화 송 이 야 　 잠 들 었 니

속 삭 여 주 는 따 뜻 한 이 불 　 풍 선 처 럼 부 풀 어 오 른

엄 마 의 사 랑 　 밤 하 늘 의 별 을 세 면 서 약 속 한 사

랑

31 무늬호장근

Polygonum cuspidatum S. et Z., 마디풀과

무늬호장근

작시 진창오 / 작곡 한나영

알 고 싶 나 요   왜 무 늬 호 장 근   이 름 인 지 를

자 세 히 보 면   알 수 있 을 까 요   알 수 있 지   요

잎 하 나 속 에   들 어 있 는 색 깔   흰 색 노 란   색

32 물앵두나무
Lonicera ruprechtiana, 인동과

물앵두

작시 진창오 / 작곡 한나영

앵두하면 생각나는 것이 무엇인가요   앵두나무

우물가노래가 생각나지요   앵두하면

생각나는 것이 무엇인가요   앵두같은

어여쁜입술이생각이나요

33 미국미역취

Solidago serotina, 국화과

미국미역취

작시 진창오 / 작곡 한나영

내 고 향은 북아 메 리 카   멀 - 리 서 여 행 왔어

요   노 란 색 꽃 옹 기 종 기 핀   벌 - 들 의 놀 이 터 지

요   윙 윙 소 리 벌 들 의 합 창   가 - 을 을 부 른 답 니

다

34 미국자리공

Phytolacca americana, 자리공과

78

미국자리공

작시 진창오 / 작곡 한나영

나는요 어디서도 잘자라요 강한풀이랍니다

나쁜풀 생태교란 시킨다고 미움을 받았지요

줄기는 붉은빛깔 흰색꽃-이 촘촘히 달리지요

열매는 검붉은색 주렁주렁 납작코 닮았지요

35 바위채송화

Sedum polytrichoides, 돌나물과

바위채송화

작시 진창오 / 작곡 한나영

노 랑 별 들 이 하 늘 에 서 내 려 왔 나 봐 작 은 별 들 이

초 롱 초 롱 반 짝 입 니 다 척 박 한 바 위 터 전 삼 고

뿌 리 내 렸 죠

36 박태기나무

Cercis chinensis, 콩과

박태기나무

작시 진창오 / 작곡 한나영

보 일 듯 안 보 일 듯 피 운 듯 안 피 운 듯 옹 기 종 기

모 여 있 는 꽃 봉 오 리 밥 풀 을 닮 았 어 요 밥 을 튀 겨

놓 았 죠 그 래 서 내 이 름 은 박 태 기 - 나 무

어 디 든 잘 자 라 요 척 박 한 땅 도 친 구 생 명 력 피

어 오 르 는 나 무 래 - 요

37 방울토마토

Solanum lycopersicum var. cerasiforme, 가짓과

방울토마토

작시 진창오 / 작곡 한나영

영 롱 한 비 취 옥 구 슬   옹 기 종 기 모 였 네

해 님 을 가 슴 에 안 고   그 날 을 기 다 려 요   빨 간 색

몸 에 물 들 고   익 어 가 는 시 간 들   한 입 에 쏙 들

어 가 는   방 울 토 마 토 여 라

38 백당나무

Vibrunum opulus, 인동과

백당나무

작시 진창오 / 작곡 한나영

더 이상 갈 수-가 없었어-요 발걸음 뗄 수-가

없었어-요 빨간색 콩알-만한 열 매-가

햇빛에 반짝-이고 있 었-죠 단풍잎 바람-에

몸 가 누며 가 을을 껴안-고 있었어-요

잎 자 루 두 개-의 꿀 샘 들 이 벌 들을 부르-고

있었어-요 흰색꽃 둥근-접시 모 양-이

빙둘러 납작-하게 피 어-요

39 버드나무

Salix koreensis, 버드나뭇과

버드나무

작시 진창오 / 작곡 한나영

산과들 이곳저곳 눅눅한땅 좋아하는 큰

키나무버 드나 무 하늘하늘 바람에 바람타고

날아가요 씨 앗들이여 행가 요 하얀솜털

두둥 실 눈송이되 어날으고 폴 폴날아다 니 는 씨

40 베고니아(1)

Begonia evansiana, 베고니아과

베고니아(1)

작시 진창오 / 작곡 한나영

일 년 내 내 꽃 을 피 워 즐 거 움 을 선 사 해 요

공 기 정 화 습 도 조 절 능 력 많 은 정 화 식 물

동 화 나 라 공 주 같 은 예 쁜 이 름 베 고 니 아

잎 을 봐 요 코 끼 리 귀 너 풀 너 풀 닮 았 지 요

41 베고니아(2)

Begonia evansiana, 베고니아과

베고니아(2)

작시 진창오 / 작곡 한나영

나 풀나풀 거리는 코 끼리귀 인가요 별 들이 앉

아 있는 푸른호수 인가요 하 늘에서 떨어진 천 사의눈

물인지 사 하라사 막하늘 어린왕자별인 지

42 비파나무

Eriobotrya japonica, 장미과

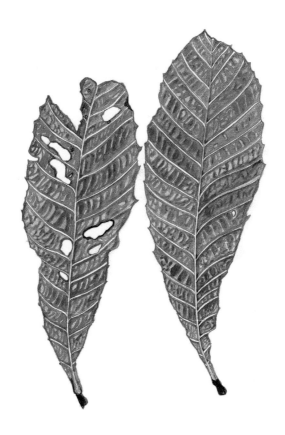

비파나무

작시 진창오 / 작곡 한나영

목이긴 항 아리처럼생긴 악기를아 시나요

다섯줄손 가락으로튕겨 소리를낸답니 다

겨울에하 얀색꽃피우고 여름에열 매맺죠

잎푸른비 파나무랍니다 타원형모양이 죠

43 뿌리뱅이

Youngia japonica, 국화과

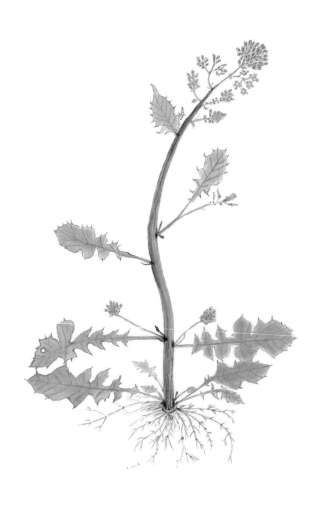

뽀리뱅이

작시 진창오 / 작곡 한나영

기 나 긴 겨 울 이 었 어 요 땅 위 에 몸 을 엎 드 렸 죠

이 년 생 무 잎 모 양 으 로 로 제 트 노 란 색 작 은 꽃

들 녘 에 널 려 있 답 니 다 줄 기 잎 털 보 라 고 하 죠

사 람 들 관 심 도 못 받 는 흔 한 풀 뽀 리 뱅 이 래 요

44 산수유나무

Cornus officinalis, 층층나뭇과

산수유

작시 진창오 / 작곡 한나영

봄 이 되면 산 골 마 을   시 끄 러 집 니 다

노 란 풍 선 꽃 봉 오 리   폭 죽 터 지 네 요

앞 뜰 뒤 뜰 산 수 유 의   꽃 잔 치 열 려 요

하 늘 의 별 쏟 아 지 듯   꽃 비 가 내 려 요

45 살갈퀴

Vicia angustifolia var. segetilis, 콩과

살갈퀴

작시 진창오 / 작곡 한나영

살 갈 퀴 란 이름 아 시 나 요   소름 돋 는 느 낌 이 드 나 요

가 까 이 서 잘 살 펴 보 세 요   귀 여 워 서 눈 을 못 뗄 걸 요

풀 밭 에 도 잘 도 자 라 나 는   두 해 살 이 풀 꽃 이 랍 니 다

46 상산

Orixa japonica, 운향과

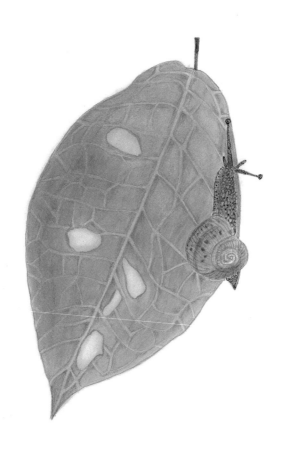

상산

작시 진창오 / 작곡 한나영

코 는 벌 렁 눈은 두 리 번 두 리 번   발 걸 음 이 멈 춰 지

는 산 기 슭 에   진 한 향 기 산 바 람 에 휘 날 리 고

다 람 쥐 도 향 기 에 취 해 있 네 요   물 안 갯 길 콧 노 래

부 르 며 갈 때   저 멀 리 서 손 흔 들 며 반 깁 니 다

47 상수리나무

Quercus acutissima, 참나뭇과

상수리나무

작시 진창오 / 작곡 한나영

묵 만 들 어 임 금 님 상 에 올 려 드 린 진 귀 한 반 찬 -

낮 은 산 엔 상 수 리 나 무 높 은 산 엔 신 갈 나 무 죠 마 을 근 처

산 기 슭 에 서 주 민 들 의 사 랑 을 받 죠 다 람 쥐 도

청 설 모 도 놀 이 터 가 되 었 답 니 다

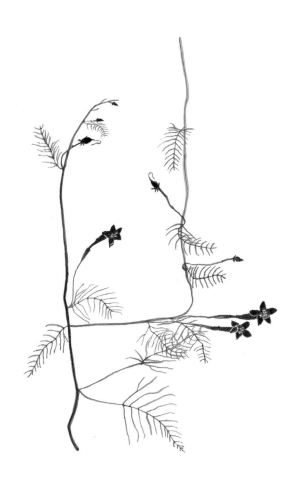

48 새깃유홍초

Quamoclit pennata, 메꽃과

새깃유홍초

작시 진창오 / 작곡 한나영

손에 손 잡 고   오 르 는 하 늘   하 늘 의 별

들   가 슴 에 품 고(꽃피웁니다)   낮 에 는 피 고

밤 에 는 쌔 근   두 손 포 개 고   꿈 나 라 가

요(새깃유홍초)   별 꽃 의 여 왕   하 늘 은 하 수

땅 에 내 렸 죠   꽃 별 보 세 요(작고예쁜꽃)

눈 맞 춤 하 며   말 해 주 세 요   빛 나 는 별

들   세 상 가 득 히(밝게비춰라)

49 석류

Punica granatum, 석류나뭇과

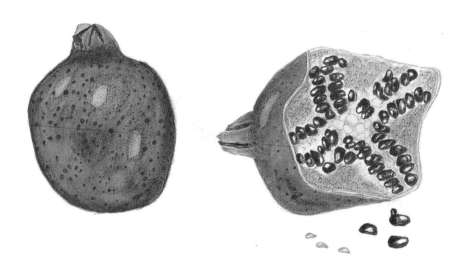

석류

작시 진창오 / 작곡 한나영

빨 간 알 알 이   익 어 가 는 계 절 노 란 단 풍 이   가

을 을 부 르 네   맑 고 붉 은 씨   오 백 개 도 넘 어

즐 거 운 비 명 외 치 게 만 드 네   여 성 들 에 게

사 랑 받 는 나 무 집 안 뜰 안 에 심 고 싶 은 석 류

온 몸 가 득 히   받 고 싶 은 햇 빛 탐 스 런 열 매 드

리 고 싶 어 요

50 손수건나무

Manitoa browneoides, 층층나뭇과

손수건나무

작시 진창오 / 작곡 한나영

코 흘리 개 처음 학 교 간 날 왼 쪽 가 슴 에 달 린

하 안 손 수 건 우 리 엄 마 보 고 싶 어 울 던 그 눈 물 을 닦 아 준

하 얀 손 수 건

51 시클라멘

Cyclamen persicum, 앵초과

시클라멘

작시 진창오 / 작곡 한나영

내 고 향 그 리 스 에 메 랄 드 빛 해 변 은 빛 반 짝

입 니 다 빙 글 빙 글 돌 아 둥 근 다 섯 장 꽃 잎 탱 고 춤 을

춥 니 다 한 번 보 면 예 뻐 두 번 보 면 더 예 뻐 세 번 보 면

황 홀 해 꽃 말 은 수 줍 음 얼 굴 빨 개 져 버 린 시 클 라 멘

입 니 다

52 애기똥풀

Chelidonium majus subsp. asiaticum, 양귀비과

애기똥풀

작시 진창오 / 작곡 한나영

애 기 야 애 기 야 애 기 똥 풀 아 네 개 의 노 랑 별

미 소 를 짓 고 바 람 에 춤 추 며 노 래 를 하 네

애 기 똥 노 랑 똥 예 쁘 기 도 해

53 애기사과
Malus domestica, 장미과

애기사과

작시 진창오 / 작곡 한나영

나무에서 옥구슬이　그네를타네요　　귀여워요

애기사과　볼수록예뻐요　　연분홍색

꽃봉오리　새들도윙크해　　뭉게뭉게 흰꽃구름

나무에피었네

54 앵두나무

Prunus tomentosa, 장미과

앵두나무

작시 진창오 / 작곡 한나영

마을 우물 가에 하얀 꽃 뭉게구름 되어 피어납니다

토라진 아이들 그 입술 상상해 보세요 작고 귀엽죠

입술 삐쭉이는 그 모습 작고 빨간 앵두 그 모습이죠

55 야옹 야옹 내 이름 룰루

야옹 야옹 내 이름 룰루

작시 진창오 / 작곡 한나영

한 여름 밤 작은 몸 이 떨 려 왔어

요 마 당 있 는 예쁜 집 에 버 려 - 졌을

때 박 스 에 서 배 가 고 파 울 고 있 었

죠 내 친 구 와 눈 맞 춤 을 잊 지 - 못 해 요

56 약모밀

Houttuynia cordata, 삼백초과

약모밀

작시 진창오 / 작곡 한나영

가 까 이 보 셨 나 요   한 걸 음 더 오 세 요   약 모 밀 이

랍 니 다   만 지 면 하 루 종 일   생 선 비 린 내 폴 - 폴

코 에 스 며 들 어 - 요 불 로 초 라 하 구 요   어 성 초 라

하 지 요   습 지 를 좋 아 해 요

57 양골담초

Cytisus scoparius, 콩과

양골담초

작시 진창오 / 작곡 한나영

공작꼬리 - 에   노랑나비들 놀러왔나봐

훨훨날아 - 서   노랑바닷빛 하늘덮었네

노 랑봄빛이 오 월의바다 출렁이게 해

꽃물결소 - 리   저하늘까지 들리겠구나

은은한레 - 몬   그윽한향기 취하겠구나

58 양지꽃

Potentilla fragarioides var. major, 장미과

양지꽃

작시 진창오 / 작곡 한나영

긴 긴 겨 울 기 다 렸 어 요 봄 처 녀 를 만 나 고 싶 어

눈 과 비 에 떨 리 는 뿌 리 토 닥 토 닥 다 독 거 렸 죠

이 른 봄 에 꽃 샘 바 람 이 흔 들 어 도 꽃 을 피 워 요

59 유리산누에나방고치

Rhodinia fugax, 산누에나방과

유리산누에나방고치

작시 진창오 / 작곡 한나영

명 주 실 뽑 아 서 가 지 에 꽁 꽁 매 달 아 놓 은 옥 주 머

니 불 어 라 바 람 아 내 려 라 소 낙 비 쉽 게

떨 어 지 지 않 죠

60 유홍초

Quamoclit pennata, 메꽃과

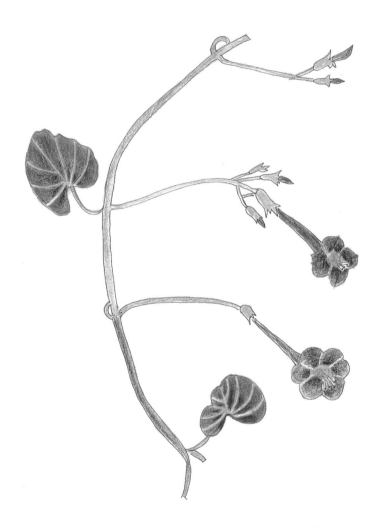

유홍초

작시 진창오 / 작곡 한나영

은 하 수 넘 어   빨 간 별 들 이   지 구 별 에 내 려 왔 어

요   가 을 바 람 에   살 랑 거 리 는   유 홍 초

너 를   불 러 본 다   남 아 메 리 카   귀 화 식 물

로   메 꽃 과 덩 굴 식 물 이 지

61 이팝나무

Chionanthus retusus, 물푸레나뭇과

이팝나무

작시 진창오 / 작곡 한나영

탐 스 런 눈 꽃 송 이 소 복 하 게 앉 아 있 죠 늦 봄 에

내 리 는 눈 이 팝 나 무 꽃 이 래 요 무 게 의 고 통 들 도

견 뎌 내 고 있 답 니 다 흰 쌀 밥 가 득 담 아 내 미 는 손

이 팝 나 무

62 왕벚나무

Prunus yedoensis, 장미과

왕벚나무

작시 진창오 / 작곡 한나영

밟으 면 앙하고 울 것 같 은 떨 어 진 왕 벚 나 무 잎

이 봄 되 면 아름 다 운 이 강 산 눈 부 신 빛 을 내 줍 니

다 필 때 도 곱 고 화 려 하 지 요 질 때 도 곱 고 화 려 하

죠 다 섯 장 꽃 잎 이 흩 어 져 서 눈 처 럼 꽃 비 를 내 려

요

63 장미

Rosa hybrida, 장미과

장미

작시 진창오 / 작곡 한나영

사 랑 할 때 더 예 쁘 게 꽃 을 피 는 장 미 래 요 타 오 르 는

가 슴 에 서 피 어 나 는 사 랑 의 꽃 사 랑 하 면 행 복 해 서

더 예 쁘 게 꽃 을 피 워 이 세 상 을 아 름 답 게 초 롱 초 롱

빛 을 내 죠 계 절 의 왕 오 월 되 면 온 세 상 이 장 미 나 라

64 노각나무

Stewartia koreana, 차나뭇과

젖먹이는 노각나무

작시 진창오 / 작곡 한나영

제 몸 깊숙 이 아 픔을 넣 고 견디 어 왔 네

오랜 세 월 을 비바람 불 고 눈 보라 칠 때

뜯 겨 나 갔 던 가 지와 살 점 새 가지 새 눈

한 번 꽃 필 때 내 생애 모 두 꽃 열매 되 고

하 얀 웃음 꽃 피 어올 랐 네 흰 뭉게구 름

꽃 비 내 렸 죠

65 제라늄

Pelargonium inquinans, 쥐손이풀과

제라늄

작시 진창오 / 작곡 한나영

꽃 구 름 뭉 게 뭉 게 피 어 올 라 요   두 둥 실

날 아 올 라 하 늘 닿 아 요   별 들 아 구 름 들 아

해 님 달 님 아

66 졸참나무

Quercus serrata, 참나뭇과

142

졸참나무

작시 진창오 / 작곡 한나영

참 나 무 육 형 제 가 살 고 있 었 어 요 　 　 열 매 가

작 다 하 여 졸 참 나 무 래 요 　 　 그 래 도 도 토 리 맛

가 장 좋 답 니 다 　 염 료 로 숯 으 로 도 쓰 임 받 거 든

요 　 건 축 재 악 기 재 료 내 몸 은 귀 해 요

67 쥐방울덩굴

Aristolochia contorta, 쥐방울덩굴과

쥐방울덩굴

작시 진창오 / 작곡 한나영

방울방울 소리나 쥐 방울 덩굴아 오르고 또

올라서 어디 까지 갈래 옆 동무의 지해서

해님을 - 보려 고 여섯줄에 매달린 낙하

산 이구 나

68 지느러미엉겅퀴

Carduus crispus, 국화과

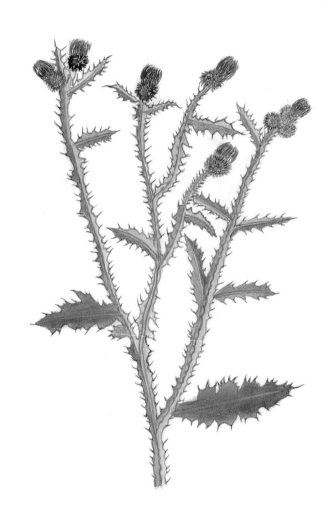

지느러미 엉겅퀴

작시 진창오 / 작곡 한나영

들어 보셨나요 엉 겅퀴의 노래 들 꽃이 려거든

엉 겅퀴 이리라 보 랏빛 꽃 속에 달 콤한 꿀 있어

나 비야 벌 들아 아 낌없이 줄게 하 늘아 땅 들아

산 새야 들 새야 바 람에 날리는 향 기를 맡아 봐

69 진달래

Rhododendron mucronulatum, 진달랫과

진달래

작시 진창오 / 작곡 한나영

진 달 래 먹 고　물 장 구 치 고　다 람 쥐 쫓 던

어 린 시 절 에　다 함 께 노 래　불 러 보 세 요

우 리 떠 나 요　동 화 의 나 라　진 달 래 피 는

내 고 향 마 을　북 쪽 산 기 슭　모 퉁 이 도 니

나 를 반 기 는　진 달 래 꽃 들　꽃 봉 오 리 를

터 뜨 려 주 네　일 년 동 안 을　기 다 렸 어 요

해 님 달 님 이　친 구 되 었 죠

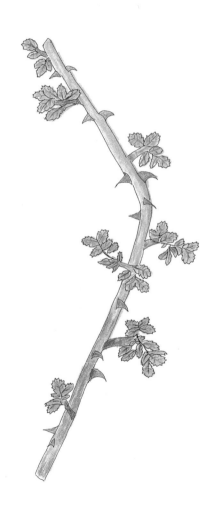

70 찔레나무

Rosa multiflora, 장미과

찔레꽃

작시 진창오 / 작곡 한나영

연 두 색 아 기 손 잎　찔 레　꽃 잎 은 맛　도 좋 아

오 월 이 올 때 에 는　흰 뭉　게 구 름 피　어 올 라

들 장 미 야　생 장 미　가 시　나 무 라 부　르 지 요

순 박 한 찔 레 꽃 이　사 랑　의 열 매 만 들 었 네

71 참나무산누에나방

Antheraea yamamai, 산누에나방과

참나무산누에나방

작시 진창오 / 작곡 한나영

나 비 인 가 했 어 요 새 인 줄 알 았 어 요 참 나 무 산

누 에 나 방 노 랑 바 다 물 결 이 공 중 에 서 파 도 쳐

파 란 하 늘 가 립 니 다

72 참마
Dioscorea japonica, 맛과

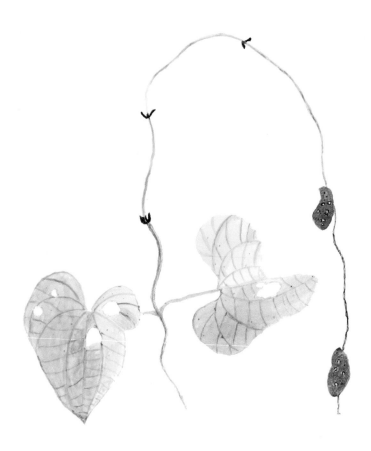

참마

작시 진창오 / 작곡 한나영

물 안 개 피 어 올 라 요   산 새 들 노 래 하 네

요   손 수 건 꺼 내 들 어 요   눈 시 울 뜨 거 워 져

요   발 걸 음 멈 춰 졌 어 요   눈 길 을 뗄 수 없 어

요   사 랑 의 하 트 잎 으 로   불 러 요 사 랑 노 래

를

73 청미래덩굴

Smilax china, 백합과

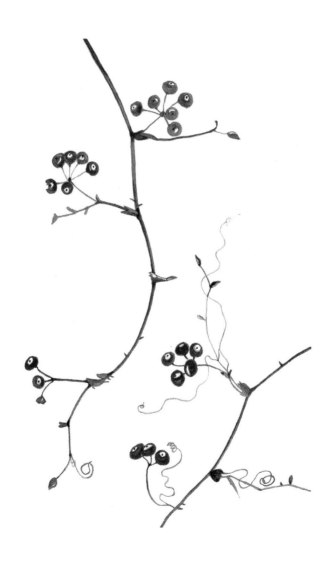

청미래덩굴

작시 진창오 / 작곡 한나영

나 는 요 언 제 나 동 무 가　필 요 합 니 다

해 님 을 보 려 면 동 무 가　있 어 야 하 죠

덩 굴 손 쭉 뻗 어 휘 감 고　오 르 는 재 - 주

이 름 도 많 아 요 내 이 름　청 미 래 덩 굴

74 초롱꽃

Campanula punctata, 초롱꽃과

초롱꽃

작시 진창오 / 작곡 한나영

땅 땅 땅 학 교 종 소 리 들 려 요　남 동 생 약 찾 아

등 불 들 고 서　길 나 선 누 나 의 슬 픈 전 설 꽃　어 두 운

길 밝 혀 찾 아 가 던 길

75 칠엽수

Aesculus turbinata, 칠엽수과

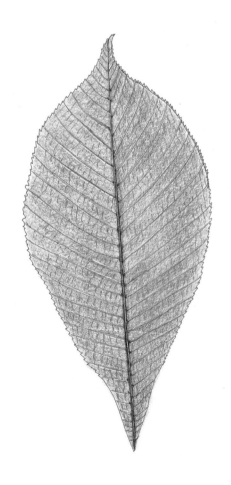

칠엽수

작시 진창오 / 작곡 한나영

일곱개의 코끼리귀가 너울너울춤 - 추 는

긴잎자루 쪽잎이모여 둥글게붙어있 네   흰색바탕

붉은무늬의 종모양꽃친구 들   마로니에거리에서는

꽃잔치벌어지 네

76 콩

Glycine max, 콩과

콩

작시 진창오 / 작곡 한나영

밭 에 나 는 소 고 기 가 무 엇 인 지 아 시 지 요

척 박 한 땅 아 무 데 나 잘 자 라 는 콩 이 지 요

누 구 게 나 사 랑 받 는 영 양 만 점 - 콩 이 래 요

콩 아 콩 아 강 낭 콩 아 까 치 콩 아 - 완 두 콩 아

쥐 눈 이 콩 호 랑 이 콩 울 타 리 콩 많 기 도 해

몸 을 덮 은 콩 깍 지 는 도 리 깨 질 매 를 맞 고

밥 상 위 에 올 려 졌 네 한 알 한 알 보 배 여 라

77 탑천 길

탑천 길 song (탑길송)

작시 진창오 / 작곡 한나영

탑 천 따 라 마 을 따 라 미 륵 사 지 가 는 길 눈 부 신 날

새 날 아 침 손 을 잡 고 걷 는 길 들 새 들 의 노 랫 소 리

발 걸 음 도 신 나 요 사 색 의 길 순 례 의 길 걷 고 싶 은

탑 천 길

78 털머위

Ligularia tussilaginea, 국화과

털머위

작시 진창오 / 작곡 한나영

노란 빛이 눈부셔요 우리 나라 토종식물 바닷가의

바위 틈에 몸을 숨긴 털머위야 꽁꽁숨어 숨바꼭질

머리카락 보인단다 들려오는 파도소리 밤새도록

들으면서

79 토란

Colocasia esculenta, 천남성과

토란

작시 진창오 / 작곡 한나영

후두 둑 소나기가내 립니다 학교 가는길 우산이

없 어요 길가 밭 큰우산이있었 어요 토란 잎하나 나를위

한 선물 온몸이 비에젖 는다 고해도 머리 만큼은 젖지않

게 했죠 토란 잎 연잎인줄알 았 어요 둘이 서로는 뭐라부

를 까요

80 파프리카

Capsicum annuum var. angulosum, 가짓과

파프리카

작시 진창오 / 작곡 한나영

그렇게 보이나요 뚱뚱한 고추처럼

단고추 피망이라 부르기 도하지요

노란색 빨간색옷 주황색 옷을입죠

81 판타지아
Oncidium fantasia, 난초과

판타지아

작시 진창오 / 작곡 한나영

달 - 콤한 헤이즐넛향 내 - 영혼

웃게하네요 노 - 랑별 반짝거리며

마 - 음에 내려앉아요 저 - 하늘

별님의나라 꿈 - 찾아 떠났었지요

82 프렌치메리골드

Tagetes patula, 국화과

프렌치메리골드

작시 진창오 / 작곡 한나영

여 름 부 터 　 가 을 까 지 　 피 고 지 고 　 지 고 피 고

오 래 토 록 　 사 랑 받 는 　 메 리 골 드 　 서 광 꽃 아 　 뱀 못 오 게

장 독 대 에 　 심 어 놓 은 　 지 혜 로 움 　 붉 은 색 과 　 오 렌 지 색

조 화 롭 게 　 어 울 려 요

83 플라타너스

Platanus orientali, 버즘나뭇과

플라타너스

작시 진창오 / 작곡 한나영

아 련 히 떠 오 르 는 그 옛 날 신 작 로 길 은 뿌 옇 게 길

을 덮 고 지 나 간 버 스 흔 적 길 길 옆 에 가 로 수 들

가 까 이 살 고 있 었 죠 넓 적 한 잎 사 귀 가

한 잎 씩 춤 을 추 었 네

84 하늘타리

Trichosanthes kirilowii, 박과

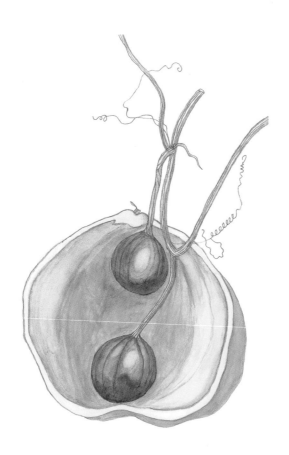

하늘타리

작시 진창오 / 작곡 한나영

하얀 머리 풀어 헤치고 춤을 추는 흰 - 꽃

하늘에서 내린 약초라 수 - 박잎 닮았네

허공에서 그네를 타는 황금색 참외네

85 한라봉
운향과 만다린계의 귤

한라봉

작시 진창오 / 작곡 한나영

툭 튀 어 나 온   봉 우 리 가 있 어 요   한 라 산 닮

은   한 라 봉 이 래 요   껍 질 벗 길 때

영 혼 을 웃 게 하 는   마 법 의 과 일   한 라 봉 이 래

요   두 꺼 운 껍 질   울 퉁 불 퉁 주 황 색   옷 을 입 었

죠   한 라 봉 이 래 요   한 번 맛 들 면

그 맛 잊 을 수 없 어   자 꾸 만 찾 는   한 라 봉 이 래

요

86 해당화

Rosa rugosa, 장미과

해당화

작시 진창오 / 작곡 한나영

푸른바다 바라보-며 님 기다린 해당화 야

기 다 리 다 지친가-슴 붉 게 물 든 해 당 화 야

핑 크 빛 옷 곱 게 입 고 노 랑 입 술 다 물 었 네

87 호박

Cucurbita moschata, 박과

호박

작시 진창오 / 작곡 한나영

핍 박 도 역 경 도 이 겨 냈 습 니 다 무 도 회 가 는 길 꿈

꾸 며 견 뎠 죠 여 기 에 타 세 요 꿈 이 열 렸 다 네 황

금 호 박 마 차 신 데 렐 라 동 화 넝 쿨 째 들 어 와 소

원 이 뤄 지 고 눈 물 속 에 기 쁨 담 겨 있 었 다 네 꽃

이 라 불 러 줘 입 벌 린 노 랑 꽃 벌 들 도 나 비 도 그

품 에 안 겼 네 애 호 박 단 호 박 울 릉 도 호 박 엿 호

박 잎 싸 먹 는 그 이 름 은 호 박

88 히말라야시더

Cedrus deodara, 소나뭇과

히말라야시더

작시 진창오 / 작곡 한나영

만 년 설 로 눈 부 신 곳   내 고 향 인 히 말 라 야 산 맥

꿈 에 라 도 가 고 싶 은   세 계 지 붕 히 말 라 야 그 곳

세 계 3 대 정 원 수 라   불 리 우 는 히 말 라 야 시 더

89 달팽이

Acusta despecta sieboldiana, 달팽잇과

달팽이의 발자국

작시 진창오 / 작곡 김호식

하 나 - 둘 셋 발 걸 음   앞 으 - 로 가 요   비 온 - 뒤 의

풀 밭 은   우 리 들 세 - 상   느 릿 - 느 릿 - 걸 어 요

꿈 을 - 찾 아 - 서 -   한 걸 - 음 씩 천 천 히   꿈 을 이 뤄

요

90 애기똥풀

Chelidonium majus subsp. asiaticum, 양귀비과

애기똥풀

작시 진창오 / 작곡 김호식

애기야 애-기야 애기똥풀아   네개의 노-랑별

미소를-짓고   바람-에 춤추-며 노래를하 네

애기똥 노랑똥 예쁘기-도 해

91 야옹 야옹 내 이름 룰루

야옹 야옹 내 이름 룰루

작시 진창오 / 작곡 김호식

한 여름 밤 작은 몸 이 떨려 - 왔어 요

마당 있 는 예쁜 집 에 버려 - 졌을 때

박 스에서 배 가 고 파 울고 - 있었 죠

내 친구 와 눈맞춤 을 잊지 못 해 요

92 지리산 둘레길

지리산 둘레길 song(지둘송)

작시 진창오 / 작곡 정잘해

떠 나 요 순 례 의 길 지 리 산 둘 레 길 로 숲 속 을

거 닐 어 요 섬 진 강 물 결 따 라 바 람 이 쉬 어 가 요

구 름 도 머 물 러 요 감 사 도 살 랑 살 랑 기 쁨 도 출 렁 출

렁

1. 가지

1. 장갑도양말도 귀한때였어요 한겨울손과발 꽁꽁얼었지요
   동상걸린손발 가지줄기끓여 손발담그게한 우리엄마지혜

2. 인도에서왔죠 보라색가지꽃 꽃핀자리마다 주렁주렁가지
   길쭉한달걀꼴 늦가을까지도 따먹는즐거움 가지야가지야

2. 감태나무

1. 산기슭 양지바른곳 작은키나무야
   한번더 보고싶어서 발걸음멈췄네
   줄기에 검은때끼어 감태나무라네
   새잎이 나올때까지 한겨울지낸너

2. 콩만한 둥근열매가 검은색되었고
   마른잎 긴긴겨울도 거뜬히이겼네
   뼈건강 몸도따뜻이 염증도치료해
   사람도 살릴수있는 신비의나무야

3. 개옻나무

1. 가을을 데리고왔어요 진홍색단풍으로
   가을의 아름다운여인 잎사귀옷을입고
   산새들 내몸에앉아서 옷구경한답니다

2. 반가운 인사받으세요 양팔을벌렸지요
   가까이 다가가고싶어 발걸음옮겼더니
   만지면 가려울수있어 눈으로인사해요

4. 갯강아지풀

1. 겨울이었어요 비바람을맞으며 꺾일듯말듯
   가녀린몸으로 바닷바람을맞고 흔들거린너
   짠내음모래땅 한겨울서있었네 갯강아지풀

2. 수염만들었지 어른흉내내면서 깔깔웃었지
   보릿고개때는 구황식물이었던 고마웠던너
   강아지몽실이 꼬리흔들거리며 오는것같아

5. 고구마

1. 보릿고개 넘던시절 칠십년대 이나라에
   먹을거리 부족하여 배고프던 그시절에
   고구마밥 그릇가득 집집마다 상차렸지

2. 덩이뿌리 이리저리 기어다닌 고구마야
   한겨울의 군고구마 호호불며 먹던추억
   아메리카 열대지방 너의고향 그립겠지

6. 고추

하하호호 먼소리여 이웃집에 경사났네
대문앞에 달아놓은 저고추는 무엇이여
응애응애 울음소리 고추달고 나왔다네
한해살이 열매채소 일년내내 사랑받고
스트레스 날려버릴 매운고추 한입물고

7. 고춧대

1. 마른언땅속에 뿌리내려있던 메마른가지야 고춧대로구나
   작년이른봄에 심겨있던너는 겨울이오도록 우뚝서있구나
   비바람부는밤 몇밤을새우고 뜨거운태양빛 온몸에받았네

2. 가지에매달려 바람에춤추는 바짝마른고추 성탄목같구나
   비발디의사계 음악소리들려 새들을부르는 고추가족들아
   먹어도먹어도 매운맛을몰라 배아프지않는 들새야산새야

8. 금낭화

1. 그냥갈수없어요 다시보고싶어서
   긴빨랫줄에앉은 참새떼모습같아
   휘어진가지아래 조롱조롱달린너
   초여름연분홍꽃 금낭화꽃망울아
   비단주머니안에 이슬을담고있네

2. 두개의심장으로 바람도껴안구요
   터져버릴것같은 빨간가슴이지요
   말괄량이소녀의 삐삐머리닮았네
   이름도여러가지 등모란며느리취
   당신을따를게요 영원을약속해요

9. 기생초

1. 벌과나비 너를찾아 춤추며 다니다
   여덟개의 꽃잎위에 사뿐히 앉았네
   아이좋아 향기맡고 갈줄을 모르네
   하루종일 너와함께 얘기꽃 피우자

2. 아메리카 먼곳에서 긴여행 왔구나
   두해살이 풀이지만 자세히 보세요
   노란꽃잎 흑갈색옷 예쁘게 입었죠
   다정다감 그대마음 꽃말도 좋아요

3. 강가에도 들길에도 어디든 살아요
   비바람도 안아주고 해님도 친구죠
   황금빈대 애기금계 또다른 내이름
   온세상을 꽃나라로 만들고 싶어요

10. 기생여뀌

1. 가까이봐도 멀리서봐도 아름다운녀
   새색시처럼 부끄러워서 고개숙였니
   긴손내밀어 손짓하면서 나를부르네
   구멍이송송 벌레에게준 여뀌푸른잎

2. 몰랐을때는 흔한풀이라 생각했었지
   빨간꽃구슬 깨알같구나 기생여뀌야
   신맛매운맛 혀도얼얼해 한해살이풀
   큰개여뀌야 바보여뀌야 대답해보렴

11. 길마가지

1. 새들의 합창소리 피아노 두드리고
   천상의 화원이네 꿈같은 숲속길이
   스치는 꽃물향기 코끝에 다가와요

2. 발걸음 붙잡는건 길막는 길마가지
   잎없는 나뭇가지 꽃피기 시작한녀
   오늘도 길을막고 향기를 건네주네

12. 꽃다지

똑똑똑 봄문두드리는소리 문열어보니 꽃다지였네
꽁꽁언 겨울땅에누웠다가 봄알리려고 일어났어요
솜털이 온몸에보송보송한 앙증스러운 코딱지나물
열십자 살랑대는네잎장꽃잎 노란폭죽을 터뜨립니다

13. 꽃양귀비

1. 가녀린몸 살랑거리는 붉은비단옷
   절세미인 양귀비닮아 꽃양귀비죠
   꽃인가요 나비인가요 바람인가요
   줄기에털 기린같은목 길게내밀고

2. 하늘하늘 하늘을닮아 피었습니다
   환한얼굴 방긋웃으며 피었습니다
   나를보면 빠져들지요 묘한매력에
   눈웃음에 발길붙잡는 양귀비사랑

14. 꽈리

1. 꽈르륵 꽈르륵 개구리 울음소린가봐 두리번거렸죠
   내걸음 멈췄네 아이들 입에서나오는 꽈리소리였죠
   씨를뺀 놀잇감 어릴적 꽈리잘불면은 노래잘한대요

2. 엄마를 졸랐죠 우리집 화단에심어요 질과아리때깔
   추억의 장난감 아련히 떠오르는추억 그때가그리워
   꽈리야 꽈리야 황백색 꽃예쁘게피면 날좀불러다오

15. 나무수국

1. 커다란 눈꽃송이 탐스럽게 주렁주렁
   한아름 가득하게 달려있는 나무수국
   작은꽃 다정하게 옹기종기 모여있네
   흰구름 뭉게뭉게 피어나는 꽃구름아

2. 겨우내 꽃이져도 오랫동안 붙어있어
   드라이 플라워로 길거리를 장식해요
   한겨울 눈이소복 온몸위에 덮인후엔
   신부가 들고있는 부케인줄 알았어요

16. 내 이름은 박새

1. 내이름은 박새 몸은작고 귀엽지요
   나뭇가지 약해 부러지면 어쩌나요
   걱정하지 않아 내날개를 믿거든요
   훨훨훨날 아서 어디든갈 수있어요

2. 내이름은 박새 멀-먹지 걱정안해
   산과들에 널린 양식이있 으니까요
   날마다노 래해 자연에서 사는것을
   목소리도 예뻐 내노래들 어보세요

17. 느티나무

1. 바람불면 바람부는대로 고개흔듭니다

   눈이오면 눈이오는대로 팔을흔듭니다

   비가오면 비가오는대로 머리숙입니다

   천년넘게 오래사는나무 느티나무래요

   햇볕가려 그늘만들어줘 쉬게하는쉼터

2. 모기들은 두손흔들면서 도망간답니다

   마을지켜 당산나무라고 부르기도하죠

   나무아래 누워보셨나요 하늘을보세요

   잎이가득 출렁이는물결 숲바다되었네

   하나둘씩 떨어지는별들 느티나무잎들

18. 닥나무

1. 질긴나무 껍질벗겨 종이를 만들어요
   한지되어 나오지요 내이름 닥나무죠
   펄펄끓는 가마솥에 내몸을 담그구요
   고통뒤에 만들어진 종이를 아시나요

2. 삼지창이 닮았어요 쇠스랑 비슷해요
   오랑우탄 털인가요 빨간꽃 피었어요
   풍선처럼 날아볼까 연처럼 날아갈까
   부요함을 드릴게요 꽃말도 의미있죠

19. 달맞이꽃

1. 달을보고 피어나는 내이름은 달맞이꽃
   해가지면 피어나고 해가뜨면 고개숙여
   긴긴겨울 땅에붙어 온몸가득 해님봐요
   봄이오면 내얼굴에 노랑물감 칠해져요

2. 길가에도 들판에도 어디든지 잘자라요
   봄은어찌 멀었을까 몸이덜덜 떨렸어요
   오랜시간 기다렸죠 꽃을피울 꿈을안고
   오늘밤은 어떤달을 맞이할까 설레는밤

3. 눈썹모양 초승달아 쟁반같은 보름달아
   가장작은 그믐달아 송편같은 반달달아
   달님들은 나의친구 밤새도록 얘기해요
   내일밤에 다시만나 손흔들며 약속하죠

20. 달팽이의 발자국

1. 하나둘셋 발걸음 앞으로가요
   비온뒤의 풀밭은 우리들세상
   느릿느릿 걸어요 꿈을찾아서
   한걸음씩 천천히 꿈을이뤄요

2. 큰항아리 내몸에 놓여있어도
   하나둘셋 발자국 남겨놓으며
   두개의눈 반짝여 길을찾아요
   나의꿈길 누구도 막지못하죠

3. 빨간우산 없어도 상관없어요
   노란장화 없어도 상관없어요
   소리없이 가는길 여행가는길
   보슬보슬 비님도 친구되었죠

21. 담쟁이덩굴

1. 너의손과 악수하고싶어 담쟁이 덩굴아
   담쟁이잎 수천개이끌고 오르고 또올라
   함께가요 희망의나라로 절망도 덮는다
   영원사랑 아름다운매력 꽃말도 멋있어

2. 봄이오면 다시살아나는 부활의 새생명
   죽었는가 죽지않았었지 봄준비 했었네
   여름이면 초록색잎들이 담장을 덮었고
   가을에는 단풍잎물들어 환상의 세계라

3. 목숨바쳐 담벼락에그린 마지막 잎새야
   너를보며 살아야한다고 굳세게 다짐한
   희망나무 담쟁이덩굴은 생명기 운이라
   도전끈기 지칠줄모르는 담쟁이 덩굴아

22. 대나무

1. 인생은 대나무랍니다 마디마디가 있잖아요
   누군들 없는사람있나 그것이바로 삶이지요
   대나무 한마디마디를 잘넘어가면 된답니다
   이또한 지나갈거예요 내일은다시 해가떠요

2. 든든히 서있기위해서 굵은마디가 둘러있고
   속비운 뜻을아시나요 잘크기위해 비워뒀죠
   살면서 평생에한번도 보기에힘든 신비의꽃
   강원도 오죽헌에있는 대나무에서 피었대요

23. 돈나무

1. 넌넌왜 돈나무라했니 무슨돈을닮았니
   아그래 원래는똥나무 똥나무라불렀지
   뿌리와 나무껍질에서 역겨운냄새가나
   그래도 난네가좋은걸 네모습그대로가

2. 세개로 벌어진열매에 머리를내민씨앗
   빼꼼히 바라보고있네 새들의주둥이를
   가지끝 취산꽃차례에 흰색꽃이모여서
   얘들아 어서오려무나 나비들을부르네

24. 땅콩

1. 내고향은 안데스산맥 그곳이랍니다
   땅속으로 파고들어가 열매를맺어요
   나비모양 귀여운꽃이 미소를짓구요
   노랑나비 앉아있는가 눈을크게뜨죠

2. 열세종의 비타민가득 미네랄도풍성
   이런사람 꼭먹어야죠 머리많이쓰면
   자기몸을 감추는겸손 땅속에숨기고
   그곳에서 잘도자라죠 땅이내친구죠

25. 란타나

1. 일곱색깔의 무지개피는 란타나보세요
   꽃의색깔이 시간흐르며 변하고또변해
   칠면조처럼 예쁜색깔로 옷을갈아입죠
   일곱번이나 변한답니다 칠변화라하죠

2. 열대지방의 아메리카가 내고향이래요
   그쪽에서는 나를보면서 잡초취급하죠
   눈부신별꽃 반짝이면서 웃어주는데요
   이틀에한번 물을주세요 해님도그립죠

26. 망고

1. 둘이앉아 마주봅니다 코끝으로 향기스미고
   먹기전에 설레임먼저 콩닥콩닥 가슴이뛰죠
   달콤새콤 반쪽씩먹는 둘이둘이 망고랍니다

2. 한입줄까 입에넣주는 노란색살 그맛못잊어
   세계에서 다섯번째로 많이먹는 늘푸른나무
   부처님도 망고나무숲 그늘에서 평안찾았네

27. 명아주

1. 풀이변해 나무가된 곧고단단한
   청려장을 아시나요 장수지팡이
   가볍고도 튼튼해요 명아주줄기

2. 온몸덮은 흰색가루 분을발랐죠
   먹을수록 손이가는 명아주나물
   풀가운데 으뜸되는 명아주단풍

28. 명자나무

1. 붉은꽃활짝핀 동백꽃닮은 명자나무야
   또다른네이름 아가씨나무 이름도예뻐
   예쁜너때문에 옆에있으면 책을못읽어
   마음이설레어 읽던책들도 덮으라하네

2. 노란색열매가 매달려있는 모과닮은너
   향기도좋아라 쓰임도귀한 천연방부제
   다섯장꽃잎이 고개숙이는 산당화래요
   가시는많지만 겸손하지요 내이름명자

29. 목련

1. 흰구름안은 목련꽃터질때 꽃봉오리속에 웃고있는엄마
   북쪽을향해 서있는울엄마 고운손흔들며 부르고있어요
   소복한흰털 추위를감싸고 긴겨울기다려 새봄을맞지요

2. 콧병고치는 목련꽃봉오리 이천년전부터 사용해왔어요
   물에서피는 연꽃과닮았죠 나무에서피는 연꽃이랍니다
   숭고한사랑 고귀한자연애 꽃말처럼피는 목련꽃내사랑

30. 목화

1. 양털같고 함박눈같은 목화송이야
   잠들었니 속삭여주는 따뜻한이불
   풍선처럼 부풀어오른 엄마의사랑
   밤하늘의 별을세면서 약속한사랑

2. 구름처럼 몽실몽-실 피어오르는
   크림색꽃 하루지-나 핑크로변해
   목화꽃이 떨어지-고 가을이되면
   따먹어도 맛있어-요 목화꽃열매

31. 무늬호장근

1. 알고싶나요 왜무늬호장근 이름인지를
   자세히보면 알수있을까요 알수있지요
   잎하나속에 들어있는색깔 흰색노란색

2. 붉은색녹색 호랑이가죽이 생각나지요
   영원히나는 당신의것이죠 꽃말이에요
   흡족한사랑 받을만하구나 무늬호장근

32. 물앵두

1. 앵두하면 생각나는것이 무엇인가요
   앵두나무 우물가노래가 생각나지요
   앵두하면 생각나는것이 무엇인가요
   앵두같은 어여쁜입술이 생각이나요

2. 배고팠던 보릿고개시절 장독대심고
   먹다보니 입술이물들고 그맛못잊어
   일찌감치 벚꽃보다먼저 꽃핀물앵두
   체리닮아 체리앵두라고 부른답니다

3. 혼자서도 수정을잘해요 열매도주렁
   일년동안 기다린산새는 밥상차렸네
   나뭇가지 불이붙었나봐 물앵두였네
   지나가는 사람들발걸음 놓지를않네

33. 미국미역취

1. 내고향은 북아메리카 멀리서 여행왔어요
   노란색꽃 옹기종기핀 벌들의 놀이터지요
   윙윙소리 벌들의합창 가을을 부른답니다

2. 키가커서 온몸가득히 바람에 안기웁니다
   서있는힘 강하답니다 줄기를 곧게세우고
   흔들리며 뿌리를박아 꽃피울 준비를하네

34. 미국자리공

1. 나는요 어디서도 잘자라요 강한풀 이랍니다
   나쁜풀 생태교란 시킨다고 미움을 받았지요
   줄기는 붉은빛깔 흰색꽃이 촘촘히 달리지요
   열매는 검붉은색 주렁주렁 납작코 닮았지요

2. 붉은색 물감얻어 어린시절 추억을 떠나봐요
   팔얼굴 칠해놓고 피났다고 장난을 쳤었지요
   자그만 포도송이 탐스럽게 손잡아 당기지요
   꽃말은 소녀의꿈 노터치죠 강한독 있답니다

35. 바위채송화

1. 노랑별들이 하늘에서 내려왔나봐
   작은별들이 초롱초롱 반짝입니다
   척박한바위 터전삼고 뿌리내렸죠

2. 여러해살이 돌나물과 풀이랍니다
   바위채송화 순진함이 꽃말이래요
   살아야한다 살아야지 생명의함성

36. 박태기나무

1. 보일듯안보일듯 피운듯안피운듯 옹기종기모여있는꽃봉오리
   밥풀을닮았어요 밥을튀겨놓았죠 그래서내이름은박태기나무
   어디든잘자라요 척박한땅도친구 생명력피어오르는나무래요

2. 구슬꾼나무라고 부르고있답니다 북한에서부르는이름이래요
   만지지는마세요 독을품고있어요 예쁘다고다정히말해주세요
   사랑많이받으면 더예쁘게꽃피는 우정나무박태기나무랍니다

37. 방울토마토

영롱한 비취옥구슬 옹기종기모였네
해님을 가슴에안고 그날을기다려요
빨간색 몸에물들고 익어가는시간들
한입에 쏙들어가는 방울토마토여라

38. 백당나무

1. 더이상 갈수가없었어요 발걸음 뗄수가없었어요
   빨간색 콩알만한열매가 햇빛에 반짝이고있었죠
   단풍잎 바람에몸가누며 가을을 껴안고있었어요
   잎자루 두개의꿀샘들이 벌들을 부르고있었어요
   흰색꽃 둥근접시모양이 빙둘러 납작하게피어요

2. 입은털 온몸에뒤덮어서 넌털보 털보나무라할래
   겨울이 손내밀고있어도 열매는 아직도남아있어
   새들아 어서와서먹으렴 저멀리 산기슭에똥싸줘
   땅속에 뿌리내린나무는 또다른 백당나무이란다
   푸른꿈 숲을이루어주는 새들아 고마운산새들아

39. 버드나무

1. 산과들이곳저곳 눅눅한땅좋아하는 큰키나무버드나무
   하늘하늘바람에 바람타고날아가요 씨앗들이여행가요
   하얀솜털두둥실 눈송이되어날으고 폴폴날아다니는씨

2. 왕버들수양버들 능수버들호랑버들 갯버들버들강아지
   아스피린원료가 어디에서나올까요 내몸에서나웁니다
   천천히마셔야죠 잎사귀하나띄워준 그나무바로나예요

40. 베고니아(1)

1. 일년내내 꽃을피워 즐거움을 선사해요

   공기정화 습도조절 능력많은 정화식물

   동화나라 공주같은 예쁜이름 베고니아

   잎을봐요 코끼리귀 너풀너풀 닮았지요

2. 아름답고 화려한꽃 별님되어 내려왔네

   한겨울이 길고길죠 겨울나기 힘들어요

   매일매일 해님보면 춤추는잎 볼거예요

   항상정중 꽃말뜻이 신사숙녀 떠올리죠

41. 베고니아(2)

1. 나풀나풀거리는 코끼리귀인가요 별들이앉아있는 푸른호수인가요

   하늘에서떨어진 천사의눈물인지 사하라사막하늘 어린왕자별인지

2. 동화나라공주님 부르고싶은이름 베고니아공주님 대답해주시구려

   미세먼지꼼짝마 붙잡아주는식물 공기정화시키는 베고니아사랑해

42. 비파나무

1. 목이긴 항아리처럼생긴 악기를 아시나요
   다섯줄 손가락으로튕겨 소리를 낸답니다
   겨울에 하얀색꽃피우고 여름에 열매맺죠
   잎푸른 비파나무랍니다 타원형 모양이죠

2. 뒷면에 가시털입혀있고 길이가 한뼘넘죠
   남쪽섬 바닷바람춤추며 소리를 내볼게요
   소라야 우리연주회할까 아기들 자장가로
   집뜰에 한그루심으세요 환자가 없답니다

43. 뽀리뱅이

1. 기나긴 겨울이었어요 땅위에 몸을엎드렸죠
   이년생 무잎모양으로 로제트 노란색작은꽃
   들녘에 널려있답니다 줄기잎 털보라고하죠
   사람들 관심도못받는 흔한풀 뽀리뱅이래요

2. 바람아 내몸실어다오 훨훨훨 날아가고싶어
   논두렁 밭두렁길가에 여럿이 옹기종기모여
   이야기 꽃피우고싶어 꽃향기 물씬풍기면서
   어디든 잘자라는풀꽃 꽃말은 순박이랍니다

44. 산수유

1. 봄이되면 산골마을 시끄러집니다
   노란풍선 꽃봉오리 폭죽터지네요
   앞뜰뒤뜰 산수유의 꽃잔치열려요
   하늘의별 쏟아지듯 꽃비가내려요

2. 봄에는꽃 겨울에는 빨간열매주렁
   온동네를 물들이는 대학나무래요
   아름다운 꽃동네에 꽃향기가득해
   일년동안 기다렸던 가고싶은마을

3. 긴타원형 핵과열매 붉게익어가는
   구례이천 함께가요 산수유마을로
   아시나요 한개한개 씨빼주는손을
   손톱아래 붉게물든 사랑의손길을

45. 살갈퀴

1. 살갈퀴란 이름아시나요 소름돋는 느낌이드나요
   가까이서 잘살펴보세요 귀여워서 눈을못뗄걸요
   풀밭에도 잘도자라나는 두해살이 풀꽃이랍니다

2. 다른풀을 휘감고오르는 덩굴손이 여러개있어요
   분홍색꽃 늦봄에활짝펴 나비날개 춤추는댄서죠
   꽃이지면 길쭉한꼬투리 이방저방 꼭꼭숨어있죠

46. 상산

1. 코는벌렁 눈은두리번두리번 발걸음이 멈춰지는산기슭에
   진한향기 산바람에휘날리고 다람쥐도 향기에취해있네요
   물안갯길 콧노래부르며갈때 저멀리서 손흔들며반깁니다

2. 상산나무 태양빛에반짝이고 광택입힌 푸른잎들안녕안녕
   황록색꽃 함께모여피웁니다 나비들아 춤을추며찾아와줘
   가을되면 갈색으로익은열매 쪼개지며 까만씨가나오겠지

47. 상수리나무

1. 묵만들어 임금님상에 올려드린 진귀한 반찬
   낮은산엔 상수리나무 높은산엔 신갈나무죠
   마을근처 산기슭에서 주민들의 사랑을받죠
   다람쥐도 청설모도 놀이터가 되었답니다

2. 노란색의 수-꽃이삭 고개숙여 인사하구요
   표고버섯 키-울때도 없어서는 안된답니다
   옮겨심기 어-렵지요 땅속깊이 뿌리내렸죠
   꽃말은요 번성이죠 묵만들면 보여주세요

48. 새깃유홍초

1. 손에손잡고 오르는하늘 하늘의별들 가슴에품고 꽃피웁니다
   낮에는피고 밤에는쌔근 두손포개고 꿈나라가요 새깃유홍초
   별꽃의여왕 하늘은하수 땅에내렸죠 꽃별보세요 작고예쁜꽃
   눈맞춤하며 말해주세요 빛나는별들 세상가득히 밝게비춰라

2. 메꽃과래요 일년초구요 씨방하나에 네개의씨앗 어디로갈까
   새들아오렴 맛있는먹이 많이먹고서 착한사람집 꽃밭으로가
   응가해주렴 내년봄날에 초록색새싹 엄마품대지 안기고싶어
   영원한사랑 꽃말을따라 사랑노래로 꽃을피우는 새깃유홍초

49. 석류

빨간알알이 익어가는계절 노란단풍이 가을을부르네

맑고붉은씨 오백개도넘어 즐거운비명 외치게만드네

여성들에게 사랑받는나무 집안뜰안에 심고싶은석류

온몸가득히 받고싶은햇빛 탐스런열매 드리고싶어요

50. 손수건나무

1. 코흘리개 처음학교간날 왼쪽가슴에달린 하얀손수건

   우리엄마 보고싶어울던 그눈물을닦아준 하얀손수건

2. 송알송알 이마의땀닦는 고마운친구같은 하얀손수건

   꽃이피는 오월을꿈꾸며 너울너울춤추는 손수건나무

51. 시클라멘

내고향그리스 에메랄드빛해변 은빛반짝입니다

빙글빙글돌아 둥근다섯장꽃잎 탱고춤을춥니다

한번보면예뻐 두번보면더예뻐 세번보면황홀해

꽃말은수줍음 얼굴빨개져버린 시클라멘입니다

52. 애기똥풀

1. 애기야 애기야 애기똥풀아
   네개의 노랑별 미소를짓고
   바람에 춤추며 노래를하네
   애기똥 노랑똥 예쁘기도해

2. 애기야 애기야 애기똥풀아
   제비가 넔꺾어 날아날아서
   새끼눈 고운눈 닦아줄테니
   포근한 엄마의 사랑이란다

3. 애기야 애기야 애기똥풀아
   이나라 이강산 구석구석에
   애기똥 소복이 쌓이는날에
   환하게 꽃피어 웃어주겠지

53. 애기사과

1. 나무에서 옥구슬이 그네를 타네요
   귀여워요 애기사과 볼수록 예뻐요
   연분홍색 꽃봉오리 새들도 윙크해
   뭉게뭉게 흰꽃구름 나무에 피었네

2. 가을볕에 익어가는 고운색 빨간색
   애기사과 애기능금 꽃사과 이름들
   사람들도 좋아하죠 새들도 좋아해
   먹어봐요 시큼달콤 그맛을 못잊죠

54. 앵두나무

1. 마을우물가에 하얀꽃 뭉게구름되어 피어납니다
   토라진아이들 그입술 상상해보세요 작고귀엽죠
   입술삐쭉이는 그모습 작고빨간앵두 그모습이죠

2. 새콤달콤한맛 한쪽눈 저절로감기며 윙크합니다
   꾀꼬리가먹는 복숭아 앵도나무라고 부른답니다
   오로지한사랑 수줍음 꽃말이랍니다 내사랑앵두

55. 야옹 야옹 내 이름 룰루

1. 한여름밤 작은몸이 떨려왔어요
   마당있는 예쁜집에 버려졌을때
   박스에서 배가고파 울고있었죠
   내친구와 눈맞춤을 잊지못해요

2. 내이름은 야옹야옹 룰루랍니다
   세상에서 가장많은 사랑을받죠
   이른아침 다정하게 부르는이름
   룰루안녕 야옹야옹 대답을하죠

3. 알록달록 황금색옷 차려입었죠
   나를닮은 아기들도 낳았답니다
   오래오래 친구집에 살고싶어요
   내이름은 야옹야옹 룰루랍니다

56. 약모밀

1. 가까이보셨나요 한걸음더오세요 약모밀이랍니다

   만지면하루종일 생선비린내풀풀 코에스며들어요

   불로초라하구요 어성초라하지요 습지를좋아해요

2. 네개의하얀잎에 곧게세워진기둥 옹기종기모인꽃

   성질은차갑지요 독소를해독하는 생명력가득해요

   히로시마그자리 가장먼저고개든 약모밀이랍니다

57. 양골담초

공작꼬리에 노랑나비들 놀러왔나봐

훨훨날아서 노랑바닷빛 하늘덮었네

노랑봄빛이 오월의바다 출렁이게해

꽃물결소리 저하늘까지 들리겠구나

은은한레몬 그윽한향기 취하겠구나

58. 양지꽃

1. 긴긴겨울 기다렸어요 봄처녀를 만나고싶어
   눈과비에 떨리는뿌리 토닥토닥 다독거렸죠
   이른봄에 꽃샘바람이 흔들어도 꽃을피워요

2. 해님친구 가슴에안아 샛노랑꽃 준비했어요
   양지바른 무덤가에도 홀로있는 쇠스랑개비
   잎줄기를 솜털로감싸 한겨울도 견뎌냈지요

59. 유리산누에나방고치

1. 명주실뽑아서 가지에꽁꽁매 달아놓은옥주머니
   불어라바람아 내려라소낙비 쉽게떨어지지않죠

2. 최고의설계사 위대한건축가 유리산누에애벌레
   한겨울지나고 봄찾아올때에 꽃밭을거닐거예요

60. 유홍초

1. 은하수너머 빨간별들이 지구별에내려왔어요
   가을바람에 살랑거리는 유홍초너를불러본다
   남아메리카 귀화식물로 메꽃과덩굴식물이지

2. 올망졸망한 붉은나팔수 기상나팔소리들리네
   한나절동안 피고지는꽃 영원히사랑스러운너
   내년가을에 이자리에서 다시만날약속해보자

61. 이팝나무

탐스런 눈꽃송이 소복하게 앉아있죠
늦봄에 내리는눈 이팝나무 꽃이래요
무게의 고통들도 견뎌내고 있답니다
흰쌀밥 가득담아 내미는손 이팝나무

62. 왕벚나무

1. 밟으면 앙하고울것같은 떨어진 왕벚나무잎이
   봄되면 아름다운이강산 눈부신 빛을내줍니다
   필때도 곱고화려하지요 질때도 곱고화려하죠
   다섯장 꽃잎이흩어져서 눈처럼 꽃비를내려요

2. 연분홍 봄비를맞아봐요 머리에 세마포씌워요
   열매를 버찌라고하지요 입술에 시커먼립스틱
   개미야 너를위해준비한 달콤한 꿀이여기있어
   잎보다 꽃부터보여주는 고향은 한라산두륜산

63. 장미

1. 사랑할때 더예쁘게 꽃을피는 장미래요

   타오르는 가슴에서 피어나는 사랑의꽃

   사랑하면 행복해서 더예쁘게 꽃을피워

   이세상을 아름답게 초롱초롱 빛을내죠

   계절의왕 오월되면 온세상이 장미나라

2. 내사랑을 받아줘요 프로포즈 해보세요

   빨간장미 노란장미 눈꽃닮은 흰색장미

   수백만개 별들속에 피어나는 장미꽃을

   바라보며 생각해도 가슴뛰는 내사랑꽃

   가시있어 아름다워 내마음을 유혹하네

64. 젖먹이는 노각나무

1. 제몸깊숙이 아픔을넣고 견디어왔네 오랜세월을
   비바람불고 눈보라칠때 뜯겨나갔던 가지와살점
   새가지새눈 한번꽃필때 내생애모두 꽃열매되고
   하얀웃음꽃 피어올랐네 흰뭉게구름 꽃비내렸죠

2. 한번이라도 불러주세요 한번이라도 눈길주세요
   세번피는꽃 나무위에서 땅바닥에서 내가슴에서
   날아다니던 산새들모여 내몸에앉아 연주회하죠
   안기고싶어 잠들고싶어 젖먹여주는 노각나무야

65. 제라늄

1. 꽃구름 뭉게뭉게 피어올라요
   두둥실 날아올라 하늘닿아요
   별들아 구름들아 해님달님아

2. 내모습 예쁘다고 말해주겠니
   볼수록 예쁘다고 말해주겠니
   그대를 사랑해요 꽃말이란다

66. 졸참나무

1. 참나무 육형제가 살고있었어요
   열매가 작다하여 졸참나무래요
   그래도 도토리맛 가장좋답니다
   염료로 숯으로도 쓰임받거든요
   건축재 악기재료 내몸은귀해요

2. 빼꼼히 눈을뜨고 나를바라봤죠
   이깊은 산속에서 자리를잡았고
   흙속에 뿌리내린 졸참열매지요
   도토리 주렁주렁 그날을기다려
   다람쥐 신이나서 노래를부르죠

67. 쥐방울덩굴

1. 방울방울소리나 쥐방울덩굴아
   오르고또올라서 어디까지갈래
   옆동무의지해서 해님을보려고
   여섯줄에매달린 낙하산이구나

2. 숲속나무에달려 그네를타는너
   비바람눈보라도 겁내지않았지
   봄맞이하고싶어 떨어지지않고
   견디고견딘너는 인생의교과서

3. 꼬리명주나비도 너를기다렸어
   사향제비나비도 너를기다렸어
   진주같은알에서 애벌레나오면
   너를먹고자라서 나비가되겠지

68. 지느러미엉겅퀴

1. 들어보셨나요 엉겅퀴의노래 들꽃이려거든
   엉겅퀴이리라 보랏빛꽃속에 달콤한꿀있어
   나비야벌들아 아낌없이줄게 하늘아땅들아
   산새야들새야 바람에날리는 향기를맡아봐

2. 지느러미달고 어디로가볼까 물살을가르며
   헤엄치고싶어 날카로운가시 지느러미모양
   날개를달았네 날아가고싶어 낮은산들판에
   여러해살이풀 탐스런꽃송이 춤을추고있네

69. 진달래

1. 진달래먹고 물장구치고 다람쥐쫓던 어린시절에
   다함께노래 불러보세요 우리떠나요 동화의나라
   진달래피는 내고향마을 북쪽산기슭 모퉁이도니
   나를반기는 진달래꽃들 꽃봉오리를 터뜨려주네
   일년동안을 기다렸어요 해님달님이 친구되었죠

2. 눈부신햇살 한몸가득히 가지에담아 겨울지냈고
   연둣빛눈도 몸에덮었죠 볼라벤태풍 이겨냈어요
   수없는바람 내몸흔들고 부러질듯한 가지였어도
   봄은오리라 봄에피리라 견디어내며 기다렸어요
   진달래꽃전 부치는소리 잠자던아기 깨어나겠네

70. 찔레꽃

1. 연두색 아기손잎 찔레꽃잎은 맛도좋아

   오월이 올때에는 흰뭉게구름 피어올라

   들장미 야생장미 가시나무라 부르지요

   순박한 찔레꽃이 사랑의열매 만들었네

2. 엄마일 가는길에 하얀찔레꽃 못다불러

   찔레꽃 노래하며 흘리는눈물 엄마엄마

   하얀꽃 터질때에 다시부르는 우리엄마

   그곳의 천국에도 피어있나요 찔레꽃이

3. 새들아 멀리멀리 우리들씨앗 날라다줘

   우리들 빨간열매 날아가면서 똥싸다오

   싹이난 찔레나무 산과들에서 자라나요

   콩만한 붉은열매 참새박새야 안녕안녕

71. 참나무산누에나방

1. 나비인가했어요 새인줄알았어요 참나무산누에나방

   노랑바다물결이 공중에서파도쳐 파란하늘가립니다

2. 예쁜나방꿈꾸며 긴긴겨울기다린 행복한시간이었죠

   네개의태극모양 왕눈이를닮아서 눈맞춤하고싶어라

72. 참마

1. 물안개 피어올라요 산새들 노래하네요
   손수건 꺼내들어요 눈시울 뜨거워져요
   발걸음 멈춰졌어요 눈길을 뗄수없어요
   사랑의 하트잎으로 불러요 사랑노래를

2. 애벌레 찾아왔어요 열번은 갉아먹었죠
   뚫어진 잎사귀사이 바람이 지나가지요
   매달린 아기열매들 어디로 가고있나요
   희망의 나라로가요 내년봄 새싹을위해

3. 별들도 잠들어있는 까만밤 한밤중인데
   지구별 모퉁이에서 참마는 깨어있어요
   아침해 언제뜨려나 고개를 갸웃거려요
   물안개 걷히는시간 햇살을 가슴에안죠

73. 청미래덩굴

1. 나는요 언제나 동무가 필요합니다
   해님을 보려면 동무가 있어야하죠
   덩굴손 쭉뻗어 휘감고 오르는재주
   이름도 많아요 내이름 청미래덩굴

2. 귀여운 꽃들이 노랗게 모여필때에
   갈고리 모양의 가시도 생겨나지요
   눈으로 뒤덮인 겨울날 산새들음식
   잘익은 열매가 널위해 여기에있어

3. 가난한 옛시절 배고픈 보릿고개때
   가시에 찔리며 따먹던 구황식물아
   지금도 들리는 망개떡 아저씨외침
   하트잎 보면서 사랑을 고백해줘요

74. 초롱꽃

1. 땡땡땡 학교종 소리들려요
   남동생 약찾아 등불들고서
   길나선 누나의 슬픈전설꽃
   어두운 길밝혀 찾아가던길

2. 초롱꽃 땅보고 바라보네요
   벌들아 나비야 쉬어가거라
   꽃그늘 만들어 시원하라고
   고개를 숙였네 다소곳하게

3. 초여름 방긋이 웃음지으며
   피었네 온세상 불밝히는꽃
   초롱꽃 꽃말은 내성적당신
   연보라 종모양 털보라하네

75. 칠엽수

1. 일곱개의 코끼리귀가 너울너울춤추는
   긴잎자루 쪽잎이모여 둥글게붙어있네
   흰색바탕 붉은무늬의 종모양꽃친구들
   마로니에 거리에서는 꽃잔치벌어지네

2. 지중해가 고향이래요 꽃말은천재래요
   세쪽으로 벌어진열매 알밤이라하지요
   먹지마요 독이있어요 눈으로만보세요
   세계사대 가로수래요 내이름은칠엽수

76. 콩

밭에나는 소고기가 무엇인지 아시지요
척박한땅 아무데나 잘자라는 콩이지요
누구게나 사랑받는 영양만점 콩이래요
콩아콩아 강낭콩아 까치콩아 완두콩아
쥐눈이콩 호랑이콩 울타리콩 많기도해
몸을덮은 콩깍지는 도리깨질 매를맞고
밥상위에 올려졌네 한알한알 보배여라

77. 탑천 길 song(탑길송)

1. 탑천따라 마을따라 미륵사지 가는길
   눈부신날 새날아침 손을잡고 걷는길
   들새들의 노랫소리 발걸음도 신나요
   사색의길 순례의길 걷고싶은 탑천길

2. 미륵산이 눈앞에서 엄마처럼 반기고
   어서오라 손짓하며 발걸음을 재촉해
   애기똥풀 뽀리뱅이 버드나무 꽃다지
   뭉게구름 하늬바람 왜가리들 탑천길

3. 아이들의 웃음소리 참새들도 따라해
   우리모두 꿈꾸는곳 온가족이 걷는길
   쓰담쓰담 힘내라고 억새들도 응원해
   페달밟는 힘찬소리 자전거길 탑천길

4. 미륵산의 구릉에서 흘러나온 물줄기
   만경강에 흘러흘러 생명의강 만드네
   겨울이면 철새들도 쉬어가는 놀이터
   가고오는 내발자국 사랑해요 탑천길

78. 털머위

1. 노란빛이 눈부셔요 우리나라 토종식물
   바닷가의 바위틈에 몸을숨긴 털머위야
   꽁꽁숨어 숨바꼭질 머리카락 보인단다
   들려오는 파도소리 밤새도록 들으면서

2. 노란색옷 원피스로 갈아입은 털머위야
   갯머위라 말곰취라 부르기도 한답니다
   꽃말기억 해주세요 한결같은 마음이죠
   다시찾은 사랑이죠 내사랑아 털머위야

79. 토란

1. 후두둑 소나기가내립니다 학교가는길 우산이없어요
   길가밭 큰우산이있었어요 토란잎하나 나를위한선물
   온몸이 비에젖는다고해도 머리만큼은 젖지않게했죠
   토란잎 연잎인줄알았어요 둘이서로는 뭐라부를까요

2. 통속에 거칠게토란씻듯이 이런속담을 들어보셨나요
   살면서 세상풍파이기도록 강한아이로 키우라는뜻을
   긴겨울 잘견디어내려면은 꼭먹어야는 토란국이래요
   땅속에 품은알이라는뜻의 토란이래요 알고계시나요

80. 파프리카

1. 그렇게보이나요 뚱뚱한고추처럼
   단고추피망이라 부르기도하지요
   노란색빨간색옷 주황색옷을입죠

2. 입안에서들리는 맛의교향곡이네
   내몸은따뜻하죠 마음을안아줘요
   색깔별맛도달라 신비체험하지요

81. 판타지아

1. 달콤한 헤이즐넛향 내영혼 웃게하네요
   노랑별 반짝거리며 마음에 내려앉아요
   저하늘 별님의나라 꿈찾아 떠났었지요

2. 노랑별 소복이내려 눈부신 세상이어라
   내영혼 자유로워라 구름이 떠다니듯이
   마음을 흔드는사랑 노랑꽃 판타지아야

82. 프렌치메리골드

1. 여름부터 가을까지 피고지고 지고피고

   오래토록 사랑받는 메리골드 서광꽃아

   뱀못오게 장독대에 심어놓은 지혜로움

   붉은색과 오렌지색 조화롭게 어울려요

2. 하얀서리 내리도록 예쁜모습 보여주고

   눈건강에 좋답니다 꽃차한잔 마셔봐요

   초록별들 잎사귀위 피어나는 꽃봉오리

   행복은꼭 온답니다 꽃말처럼 될거예요

83. 플라타너스

1. 아련히 떠오르는 그옛날 신작로길은
   뿌옇게 길을덮고 지나간 버스흔적길
   길옆에 가로수들 가까이 살고있었죠
   넓적한 잎사귀가 한잎씩 춤을추었네

2. 내이름 버즘나무 그이름 플라타너스
   소음을 줄여주는 넓은잎 방음나무네
   공모양 둥근열매 앞다퉈 소리를내요
   몸끼리 부딪히는 자연의 오케스트라

3. 가지가 잘려나간 그자리 흉터생길라
   안으로 말아넣는 상처의 치유나무네
   스스로 쓰다듬는 자신의 상처자국을
   너의꿈 아느냐고 물으면 플라타너스

84. 하늘타리

1. 하얀머리 풀어헤치고 춤을추는흰꽃

　　하늘에서 내린약초라 수박잎닮았네

　　허공에서 그네를타는 황금색참외네

2. 내이름은 쥐참외래요 하늘수박이죠

　　하늘타리 하늘거리며 하늘을날고파

　　좋은소식 전하고싶어 꽃말은어때요

85. 한라봉

톡튀어나온 봉우리가있어요 한라산닮은 한라봉이래요

껍질벗길때 영혼을웃게하는 마법의과일 한라봉이래요

두꺼운껍질 울퉁불퉁주황색 옷을입었죠 한라봉이래요

한번맛들면 그맛잊을수없어 자꾸만찾는 한라봉이래요

86. 해당화

1. 푸른바다 바라보며 님기다린 해당화야

   기다리다 지친가슴 붉게물든 해당화야

   핑크빛옷 곱게입고 노랑입술 다물었네

2. 잠들었니 바다미녀 너의꽃말 아름다워

   명사십리 해당화야 방긋웃는 얼굴이라

   모래땅에 뿌리내린 가시털보 미녀라네

87. 호박

핍박도역경도 이겨냈습니다 무도회가는길 꿈꾸며견뎠죠

여기에타세요 꿈이열렸다네 황금호박마차 신데렐라동화

넝쿨째들어와 소원이뤄지고 눈물속에기쁨 담겨있었다네

꽃이라불러줘 입벌린노랑꽃 벌들도나비도 그품에안겼네

애호박단호박 울릉도호박엿 호박잎싸먹는 그이름은호박

88. 히말라야시더

1. 만년설로 눈부신곳 내고향인 히말라야산맥
   꿈에라도 가고싶은 세계지붕 히말라야그곳
   세계3대 정원수라 불리우는 히말라야시더

2. 많은아이 낳는다는 이야기가 담겨있는나무
   귓속말로 쏘곤쏘곤 내소원도 들어줄수있니
   그대위해 살겠어요 꽃말뜻을 되새기렵니다

89. 달팽이의 발자국

1. 하나둘셋 발걸음 앞으로가요
   비온뒤의 풀밭은 우리들세상
   느릿느릿 걸어요 꿈을 찾아서
   한걸음씩 천천히 꿈을이뤄요

2. 큰항아리 내몸에 놓여있어도
   하나둘셋 발자국 남겨놓으며
   두개의눈 반짝여 길을찾아요
   나의꿈길 누구도 막지못하죠

3. 빨간우산 없어도 상관없어요
   노란장화 없어도 상관없어요
   소리없이 가는길 여행가는길
   보슬보슬 비님도 친구되었죠

90. 애기똥풀

1. 애기야 애기야 애기똥풀아
   네개의 노랑별 미소를짓고
   바람에 춤추며 노래를하네
   애기똥 노랑똥 예쁘기도해

2. 애기야 애기야 애기똥풀아
   제비가 널꺾어 날아날아서
   새끼눈 고운눈 닦아줄테니
   포근한 엄마의 사랑이란다

3. 애기야 애기야 애기똥풀아
   이나라 이강산 구석구석에
   애기똥 소복이 쌓이는날에
   환하게 꽃피어 웃어주겠지

91. 야옹 야옹 내 이름 룰루

1. 한여름밤 작은몸이 떨려왔어요
   마당있는 예쁜집에 버려졌을때
   박스에서 배가고파 울고있었죠
   내친구와 눈맞춤을 잊지못해요

2. 내이름은 야옹야옹 룰루랍니다
   세상에서 가장많은 사랑을받죠
   이른아침 다정하게 부르는이름
   룰루안녕 야옹야옹 대답을하죠

3. 알록달록 황금색옷 차려입었죠
   나를닮은 아기들도 낳았답니다
   오래오래 친구집에 살고싶어요
   내이름은 야옹야옹 룰루랍니다

92. 지리산 둘레길 song(지둘송)

작시 : 진창오/작곡 : 정찰해/노래 : 정찰해

1. 떠나요 순례의길 지리산 둘레길로

   숲속을 거닐어요 섬진강 물결따라

   바람이 쉬어가요 구름도 머물러요

   감사도 살랑살랑 기쁨도 출렁출렁

2. 사람도 자연들도 너와나 하나되는

   지리산 둘레길은 엄마의 아늑한품

   이마의 땀방울이 똑똑똑 떨어지고

   힘내라 불러주는 산새들 노랫소리

3. 한개의 나뭇잎도 하나의 돌멩이도

   소중한 나의친구 아끼고 사랑해요

   메뚜기 날개펴고 어디로 날아가나

   나비는 꽃을찾아 눈앞에 너울너울

4. 하늘에 주렁주렁 대봉시 감이래요
   길가는 나그네여 눈으로 맛보세요
   애써서 가꾼농사 눈으로 담아가고
   둘레길 허락해준 주민들 감사해요

5. 풀벌레 연주소리 숲에서 들려오고
   공짜로 듣는소리 자연의 선물이네
   가을을 데려왔네 붉은옷 개옷나무
   노랑꽃 쑥부쟁이 보라색 꽃향유라

6. 시계가 없는나라 지리산 둘레길에
   다람쥐 넘나들며 도토리 물고가네
   화살표 따라가요 천천히 걸어가요
   나무와 눈맞추며 이름도 불러줘요

7. 인생은 낙엽같아 떨어질 그날오니
   조급히 살지말고 둘레길 걸어봐요
   눈물도 흐르지요 웃음도 터지고요
   인생은 짧답니다 서둘러 오시구려

8. 산부추 하늘하늘 사색의 오솔길들
　　아직도 둘레길을 와본적 없는가요
　　마음을 내려놓고 건강을 담아가요
　　지리산 둘레길은 행복의 발전소죠

9. 지리산 깃대종은 나무는 히어리요
　　반달곰 아시나요 지리산 깃대종을
　　흐르는 섬진강에 걱정도 풀어놔요
　　팔백리 둘레길에 희망도 심어놔요

10. 지리산 들어오면 굶는이 하나없고
　　　다시금 살아나는 생명의 자궁이네
　　　자연은 사람없이 사는것 지장없네
　　　사람은 자연없이 어떻게 살아가나

11. 자자손 천대만대 물려줄 자연이니
　　　지리산 지리산아 고마운 지리산아
　　　오면은 가기싫고 가면은 오고싶어
　　　지리산 생명숨결 영원히 있으리라

12. 걸으면 눈떠져요 자신이 보여져요
    어떻게 사는것이 행복한 삶인지를
    걸으면 들려져요 자연의 합창소리
    생명이 꿈틀대는 소리를 들어봐요

13. 걸으면 알아져요 존재의 소중함을
    세상이 아름다워 눈물도 흐르지요
    산과물 동물식물 사람과 소통하고
    길과길 이어지는 이강산 아름다워

14. 반갑게 인사하는 주민도 만나구요
    너른들 너뱅이들 평사리 들판들아
    토지의 최참판댁 서희는 어디갔나
    평사리 무덤이들 한눈에 들어오네

15. 빼곡한 서어나무 숲길도 걸어봐요
    섬진강 오백리물 문화를 만들었네
    봉우리 우뚝솟은 형제봉 고개넘어
    지나는 고라니도 땀흘려 뛰어가네

16. 섬진강 물길따라 모여든 사람들이

    독특한 화개말로 이야기 주고받네

    가야금 열두줄로 차밭이 이어지고

    따끈한 차한잔이 새힘을 북돋우네

17. 작은재 넘나들던 그옛날 산골짜기

    연곡사 피아골이 발걸음 붙잡는다

    가탄교 지났더니 눈앞에 십리벚꽃

    지리산 사람들의 마음을 꽃피우네

18. 사부작 걸으면서 자연과 대화하고

    유유히 걷다보면 자신과 대화하네

    검은색 빨간색의 화살표 따라가요

    몸통에 날개달린 이정목 반갑지요

19. 한국의 산티아고 지리산 둘레길은

    생명을 잉태하는 평화의 길이라네

    고단한 삶인가요 둘레길 걸어봐요

    다시금 태어나는 분만실 둘레길을

20. 먹어도 먹고싶은 민박집 한상차림
    젓가락 숟가락을 놓을줄 모른다오
    꿈같은 세상살이 급하게 살지말고
    천천히 걸으면서 자기를 보듬어요

21. 봄에는 꽃동산이 가을엔 황금들녁
    여름은 녹색숲이 겨울엔 하얀이불
    마음을 잡아놓고 놓지를 않는이곳
    여기가 천국인가 천국이 이곳인가

22. 섬진강 강바람이 흐르는 땀을식혀
    만났네 숲길에서 사랑할 내존재를
    곳곳이 문화재요 곳곳이 배움터라
    천왕봉 산기운이 가슴에 스며든다

23. 산과들 놀이터로 학교를 오가던길
    고갯길 아이들의 추억이 담긴숲길
    한때는 전교생이 육백명 넘었었지
    지금도 들리는듯 아이들 웃음소리

24. 피눈물 흘린흔적 피아골 물들였고

    아픈곳 돌아보는 순례길 역사의길

    새들아 바람들아 물들아 풀벌레야

    아느냐 단풍잎이 붉은옷 입은것을

25. 어디서 보겠는가 둘레길 아니라면

    젖주는 노각나무 천년된 산수유를

    온생명 춤추는곳 오천만 꿈꾸는곳

    떠나요 지금바로 지리산 둘레길로

진창오 자연생태 동요 작시자

2022 생태 세밀화로 만나는 동요곡집『꿈꾸는 꽃들의 노래』출간

2019 생태 세밀화 그림일기『꽃 너머 꽃으로』출간

2019 전주 건지산 숲속 작은도서관 생태 세밀화반 외 한 해 68회 코칭 강사

2019 "가을, 꽃바람이 불다" 단체전((사)익산 여성의전화 갤러리)

2018 "식물아! 얘기해 볼까?" 개인전(갤러리 오브제)

2018 "식물아! 얘기해 볼까?" 개인전(한국도로공사 수목원)

2018 자연을 그리는 사람들(자그람) 6회 정기전

      "잡초, 그 은밀한 아름다움"(세종문화회관 광화랑)

2016 자연을 그리는 사람들 정기전 다섯 번째 단체전

      "먼 나라에서 온 우리 풀꽃들"(뚝섬 자벌레 문화 콤플렉스)

2016 "식물아! 얘기해 볼까?" 개인전(용담댐 물문화관 갤러리)

2014 제 5회 비단숲전 단체전(용담댐 물문화관 갤러리)

2014 "식물아! 얘기해 볼까?" 개인전((사)익산 여성의전화 갤러리)

2014 생태 세밀화 양성 과정 4기 고급 과정 졸업전

      ((사)한국숲해설가협회 "움터" 전시관)

2013 전국숲해설 강사대회 단체전

2013 (사)한국숲해설가협회 자연을 그리는 사람들(자그람) 회원

2013 (사)한국숲해설가협회 생태 세밀화 초급 및 고급 과정 수료

생태 세밀화로 만나는 동요곡집

꿈꾸는 꽃들의 노래

초판 인쇄 2022년 4월 22일
초판 발행 2022년 5월 5일

지 은 이   진창오
작업참여   디자인팀장 박은주, 교정실장 최미선
발 행 인   임병해
펴 낸 곳   **코람데오**
등   록   제300-2009-169호
주   소   서울시 종로구 세종대로 23길 54, 1006호
전   화   02)2264-3650, 010-5415-3650
          FAX. 02)2264-3652
E-mail   soho3650@naver.com

ISBN | 979-11-92191-08-9 03230

값 25,000원